本书部分研究成果受河南省科技攻关项目（222102310686）和科技部国家基地和人才专项计划（G2021026014L，DL2021026005L）资助。

河南省心理数据科学国际联合实验室
河南大学认知、脑与健康研究所
河南省青少年心理危机监测预警工程技术研究中心

郑州市小学生心理健康报告(2021)

REPORT ON
MENTAL HEALTH OF
ELEMENTARY SCHOOL STUDENTS
IN ZHENGZHOU (2021)

主编 晋争 朱湘茹

主要撰稿人

惠保德　毕丹丹　刘　豫　赵凯宾　于　欢　蒋小燕　刘　布

感谢协助本研究工作开展的以下合作单位和个人

蒋丽珠　郑州师范学院副校长
Jeffrey Sherman　河南省杰出外籍科学家工作室首席专家
Tamunang Tamutana Timothy　河南省杰出外籍科学家工作室研究员
徐建梅　郑州市管城区教育局副局长、创新街小学校长
崔永丽　郑州市惠济区教育局副局长
寇　爽　郑州师范学院附属小学校长
李　芳　郑州市上街区钱学森小学党支部书记
田郑敏　郑州市惠济区实验小学校长
刘　红　郑州市惠济区香山小学校长
陈　涛　郑州市惠济区兴隆铺路小学党支部书记
金　辉　郑州市金水区南阳路第二小学校长
时雅红　郑州市金水区农科路小学国基校区校长
金　浩　郑州师范学院科研处产学研办公室主任
郑州市教育局
共青团郑州市委

主编简介

晋争，心理学博士、教授、博士生导师，九三学社河南省委心理专委会主任、河南省心理数据科学国际联合实验室主任、河南省心理危机监测预警工程技术研究中心主任；加州大学戴维斯分校社会认知实验室研究员。先后担任郑州师范学院特殊教育学院副院长、科研处副处长。从事认知心理学、社会心理学相关研究工作，主持完成国家自然科学基金、科技部国家基地和人才专项、河南省哲学社会科学规划、河南省科技攻关等项目15余项，在国内外刊物发表论文50余篇，持有专利和知识产权5项。出版《超越具身认知的心理科学》（译）、《内隐联想测量后的二十年：内隐社会认知在行为中的作用》（译）、《国际同工同酬日：社会学视角》（译）等论著。

朱湘茹，河南大学认知、脑与健康研究所所长，河南大学教育学部心理学院教授，博士生导师，《心理科学》编委。在《心理学报》《心理科学进展》《心理与行为研究》《心理发展与教育》发表论文20余篇，在SCI/SSCI刊物发表学术论文30余篇，完成译著《学习是如何发生的》（〔美〕唐娜·沃克·泰勒斯通著）。主持完成国家自然科学基金"自我启动影响奖赏加工的ERP研究"。近年来，主要研究兴趣集中在学前儿童心理与行为障碍的评估与干预、学龄儿童心理健康普查、青少年精神疾病风险的评估与预防等方面。

序　言

　　二十一世纪对当代的青少年既是一个充满机遇的时代,也是一个充满挑战的时代。贯彻以学生为中心的教育理念,就要提供多样化的资源优化学生在校园内外的体验。教育在提升学生学业水平的同时,引导学生实现全面发展尤其重要。这不仅包括强大的独立思考能力,还包括良好的心理品质和健康水平,拥有这些素质才能适应不断变化的世界。

　　良好的心理品质包括拥有探求知识的好奇心、完成人生目标的坚毅品质、建立良好人际关系所需的情绪调节能力和社交技能等。对于学生中存在的不同程度的心理问题,家长和学校应给予重视,早发现、早应对,避免发展成为严重的心理问题,否则会导致心理与行为障碍,严重影响学生的成长和发展,更严重的需要寻求医疗介入甚至依赖药物。

　　鉴于当代教育面临的挑战,我们应充分利用心理数据这一重要资源,重视心理普查,定期连续监测,建立学生心理档案,为儿童和青少年的健康发展提供参考,为教育政策的制定提供依据和建议。《郑州市小学生心理健康报告》全面描绘了郑州市小学生的心理健康状况,为教育工作者对小学生实施心理健康教育和辅导提供了重要依据。同时,以该实证研究为依据,可进一步促进学校管理人员、教师、教育专家、家长和卫生专业人员合作，确保儿童和青少年在安全、健康和支持充分的环境中成长。

朱莉琪　研究员
中国科学院心理研究所学术委员会委员
中国科学院心理研究所认知与发展心理学研究室副主任

Abstract

As the capital of Henan Province and the national central city of China, Zhengzhou City has been developed into a megalopolis with the economic aggregate of more than RMB one trillion Yuan and the permanent population of more than ten million. It is challenged by its underdeveloped soft power and insufficient quality of mental civilization construction despite this rapid economic development. Presently Zhengzhou City is weak in many aspects such as mental health education for elementary and middle school students, mental crisis monitoring and prewarning and school mental service system construction, including shortage in typical survey data, shortage in effective feedback of large-scale general survey on mental health, shortage in specialized teaching staff and poor effect of mental health education. We conducted survey and research on the mental health situation and related impact factors of elementary school students in Zhengzhou in order to obtain knowledge on the present mental health situation of elementary school students in Zhengzhou and to provide scientific basis for further intervention.

The research teamdistributed questionnaire in several public elementary schools in different jurisdiction areas of Zhengzhou by cluster sampling. From January to December 2020, the research team conducted preliminary survey in each elementary school and had in-depth communication with the headmasters, head teachers and fulltime psychological counseling teachers of corresponding schools to know about the situation of the school students. Detailed instructions were given about how to complete the questionnaire and the issues concerning confidentiality. Based on consent of the parents, students of Grade One to Grade Six and their parents were organized to finish the questionnaire online. From the survey totally 10414 questionnaires were collected covering students aged from 8 to 14 with the average age of 10.36±1.236.

In the survey, the research team used 14 measuring tools including CTQ and RPEQ. It is indicated in the survey result that 10.1% and 10.4% of the students of Grade One and Grade Two are subject to relatively high risk of depression and anxiety respectively, and 5.5% and 4.2% of them are subject to extremely high risk of depression and anxiety respectively. In terms of the factors of psychological and behavioral problems, 0-15.6% of the children are subject to relatively high risk and 3.8%-6.6% of them are subject to extremely high risk. The detectable rate of depression and anxiety symptoms for the students of Grade Three to Six is respectively 17.5% and 16.8%, and the detectable rate of serious symptoms of depression and anxiety is respectively 4.2% and 3.1%. The detectable rate of non-suicidal self-injury is 10.5%.

Among the students of Grade One and Grade Two, those whose parents have harmonious marital relationship showed a significantly lower detectable rate in all the eight factors of psychological and behavioral problems than those whose parents have conflicts in marriage or whose parents have divorced. In addition, the elementary school students whose parents have harmonious marital relationship experienced much fewer pressure events than those whose parents have conflicts in marriage or whose parents have divorced. Meanwhile, the elementary school students who once experienced pressure events have much higher scoring in depression symptoms, emotional symptoms, moral problems, attention problems, internalized problems, externalized problems and ADHD symptoms and much lower scoring in prosocial tendencies measure (PTM). Depression symptoms, emotional symptoms, ADHD, attention problems, peer problems, internalized problems and externalized problems are negatively correlated to school performance. Among the students of Grade Three to Six, those whose parents have marital conflicts show a higher detectable rate than those whose parents have divorced or have harmonious marital relation in terms of depression, schizotypal personality and non-suicidal self-injury. Besides, among the students from Grade Three to Six, those whose parents have marital conflicts experienced more school bullying and childhood injury. Such negative experience is the very incentive for some psychological and behavioral problems. Harmonious family relationship may help reduce the risk of mental crisis for children.

From the analysis, it is revealed that the students from Grade Three to Six with household register in rural areas show a much higher detectable rate in suicidal ideation and schizotypal personality than those with household register in urban areas, and the former have more experiences of school bullying and childhood injury. In terms of age, the students of Grade One have significantly higher scoring than those of Grade Two in depression and anxiety. For the students of Grade Three to Six, positive correlation is seen between their age and the severity of mental problems: the older elementary school students show a significantly higher detectable rate than the younger ones in terms of depression, schizotypal personality, suicide intent and non-suicidal self-injury. It is also indicated in the result of the survey that the mental problems will be gradually intensified and cause more serious consequences if such problems are not detected and intervened in time in lower grades. In addition, the pressure from school performance will increase with the students growing older and the elementary school students of higher grades are in the critical mental development period of transition from childhood to puberty, which may also increase the possibility of mental and psychological problems for older students.

The survey indicates that boys of Grade One and Grade Two have significantly higher scoring than girls in terms of retraction/depression, social problems, thinking problems, attention problems, discipline breaking behaviors and aggressive behaviors while girls experience more pressure events than boys. Girls of Grade Three to Six show a significantly higher detectable rate than boys of the same age in terms of suicidal ideation and non-suicidal self-injury. No significant difference is seen in other mental health issues surveyed. It is also found in the survey that boys of Grade Three to Six have significantly better peer relation than girls and girls have significantly higher scoring than boys in interpersonal affective disorder, contrary to previous survey which shows that good peer relation may reduce suicidal ideation. Hence peer relation is highly likely to be the cause for the significant difference between boys and girls in suicidal ideation and non-suicidal self-injury.

According to the result of the survey, it is suggested to work in the following aspects to improve mental health of the elementary school students: establish a three-level network of mental health education with cooperation among school, parents and students; focus on group difference and individual difference in mental health; emphasize pertinence in the establishment of mental service system; and establish school Psychological First Aid (PFA) Service.

目　录

第一部分　综合报告

郑州市小学生心理健康综合状况报告 / 001

第二部分　三至六年级分报告

童年期创伤状况调查报告 / 024

分裂型人格特质状况调查报告 / 037

焦虑状况调查报告 / 052

抑郁状况调查报告 / 063

自杀意念状况调查报告 / 075

非自杀性自伤行为状况调查报告 / 087

校园欺凌状况调查报告 / 102

第三部分　一至二年级分报告

压力事件及其影响 / 116

心理与行为问题 / 135

心理与行为问题及其与学习成绩的关系 / 156

编后记 / 179

Contents

Part One General Report

General Report on Mental Health of Elementary School Students in
　Zhengzhou　/ 001

Part Two Reports on the Students of Grade Three to Six

Childhood Injury　/ 024

Schizotypal Personality　/ 037

Anxiety　/ 052

Depression　/ 063

Suicidal Ideation　/ 075

Non-suicidal Self-injury Behaviors　/ 087

School Bullying　/ 102

Part Three Reports on the Students of Grade One and Two

Pressure Events and Impact　/ 116

Psychological and Behavioral Problems / 135

Psychological and Behavioral Problems and Relation to School
　　Performance / 156

Afterword / 179

第一部分 综合报告

Part One General Report

郑州市小学生心理健康综合状况报告

2021年5月，关于我国儿童和青少年心理、行为障碍流行率的全国性流调报告发表在国际权威期刊《儿童心理学与精神病学》(*Journal of Child Psychology and Psychiatry*) 上，结果显示，国内四个省份6~16岁的在校学生中，心理与行为障碍的流行率高达17.5%（Li et al., 2022）。由于我国6~16岁儿童/青少年的辍学率和失学率极低，该研究报告的流行率基本能代表我国6~16岁儿童/青少年的整体情况。考虑到我国6~16岁儿童/青少年的人口基数，粗略估计，有心理与行为障碍的儿童/青少年有260万人左右。

河南省教育厅2021年下发的《关于加强中小学生心理危机识别和干预工作的通知》、郑州市教育局2021年发布的《关于进一步加强中小学生心理健康与生命安全教育工作的通知》，对学生的心理健康促进行动提出了明确要求，为各地区、各学校开展中小学生心理危机识别与干预工作提供了指导。郑州市作为河南省省会及国家中心城市，已经发展成为经济总量超万亿、常住人口超千万的特大城市。在经济高速发展的同时，面临着软实力发展滞后、精神文明建设品质有待提升的问题。目前来看，郑州市在中小学生心理健康教育、心理危机监测预警和学校心理服务体系建设等方面存在诸多不足，包括缺少有代表性的流调数据、大规模心理健康普测缺乏有效反馈、专业师资人才缺乏、心理测量工具存在时代滞后性、心理健康教育工作成效亟待提高等。为了解目前郑州市在校学生的心理健康状况，为进一步开展干预提供科学依据，研究团队对郑州市在校小学生的心理健康状况和相关影响因素进行了调查和研究。

本次调查的对象聚焦小学生是基于以下三个原因。首先，精神问题一般在14岁之前有所表现且有较高的诊断率。2021年6月发表在《分子精神病学》（*Molecular Psychiatry*）的研究成果表明，精神障碍在14岁之前发病比例为34.6%（Solmi et al., 2021）。其次，成年期诊断出的精神障碍患者一般在儿童期会表现出心理症状，这些早期心理危机在未来有较高的概率发展为心理和精神障碍。《医学会杂志·精神病学》（*JAMA Psychiatry*）的最新元分析研究结果表明，临床精神高危人群在10年后发展为精神疾病的风险为35%（de Pablo et al., 2021）。最后，早期心理危机如果不及时干预发展为心理障碍后，一般需要药物治疗结合心理治疗，治疗难度较大，从全球心理学和精神病学发展现状来看，治疗效果不理想。若能对心理危机进行动态监测和及时预警，在心理危机出现早期阶段进行干预和引导，将有助于延缓或者阻止转化为精神障碍的进程。本书的一系列研究不仅分析了郑州市小学生各方面心理健康状况，同时还考察了人口学相关变量和心理健康变量的关系，如性别、家庭经济状况和父母婚姻状况等。这些研究结果可为郑州市相关管理部门和学校领导以及心理健康教育工作者识别小学生中的高危人群提供理论支持，从而给予心理高危个体有针对性的关注和支持。

我国一项对8000名中学生在疫情期间的心理健康调查发现，居家学习的中学生心理健康问题高发，其中43.7%的学生存在抑郁症状，37.4%存在焦虑症状，31.3%同时存在焦虑和抑郁症状（Zhou et al., 2020）。另外一项研究表明，小学生的心理健康状况在新冠肺炎疫情期间显著差于疫情防控常态化期间，说明小学生的身心健康处于发展中，尚不成熟，容易受到外界的影响,是疫情中产生应激反应的易感人群(赵芷若等,2021)。本书中的数据收集于新冠肺炎疫情防控常态化期间,研究结果具有相对稳定性,可作为疫情防控常态化期间学校心理服务体系建设的参考资料。

《郑州市委第十四个五年规划和二〇三五年远景目标的建议》中提出,"十四五"时期郑州发展的目标路径之一,是要在全省发挥更大辐射带动作用、在全国同类城市竞争中形成更多比较优势,让郑州这个全省龙头高高扬起来,成为重要的区域性教育中心,实现"美好教育"。本书第一次对郑州市小学生心理健康状况进行了较为全面的调研,可对河南省其他地区的小学生心理健康数据收集和研究起到示范带动作用,所采用的研究工具和方法等可推广到其他区域。最终为建立小学生心理联防联通联动服务新体系提供参考,为郑州市国家中心城市现代化建设提供支持。

一 研究对象

研究团队采用整群抽样方法,在郑州市各辖区多所公立小学进行问卷调查。自2020年1月至12月,研究团队到每所小学进行前期调研,并与相应学校的校长、班主任和心理辅导专职教师等深入沟通,了解校区学生情况,对问卷填写方式和保密情况进行详细说明,在家长知情同意的基础上组织一至六年级学生及其家长网上填写问卷。本次调查共收集问卷10414份;调查对象年龄为8~14岁,平均年龄为10.36±1.236岁;一至二年级调查对象的人口学变量描述性统计详见分报告;三年级1242人(23.8%),四年级1428人(27.4%),五年级1452人(27.8%),六年级1092人(20.9%),调查对象基本信息见表1。

表1 调查对象基本情况(三至六年级)

分布特征		人数(人)	百分比(%)
性别	男	2782	53.3
	女	2435	46.7

续表

分布特征		人数（人）	百分比（%）
年龄	8岁	311	6.0
	9岁	1125	21.6
	10岁	1401	26.9
	11岁	1224	23.5
	12岁	1067	20.5
	13岁	85	1.6
	14岁	1	0
年级	三年级	1242	23.8
	四年级	1428	27.4
	五年级	1452	27.8
	六年级	1092	20.9
家庭居住地	村	742	14.2
	乡镇政府所在地	171	3.3
	县/区政府所在地	468	9.0
	地级市政府所在地	268	5.1
	省会/直辖市	3568	68.4
父母婚姻状态	父母离异	192	3.7
	父母双方去世	1	0
	父母一方去世	28	0.5
	父母婚姻和睦	4920	94.3
	父母婚姻冲突	76	1.5
过去五年中家庭的收入与支出比率	0.5以下	550	10.5
	0.5~1	928	17.8
	1~2	1158	22.2
	2~5	663	12.7
	5以上	254	4.9
	不清楚	1664	31.9

说明：年龄缺失值3例，年级缺失值3例。

样本代表性的判断以《河南统计年鉴2021》和《郑州市教育事业发展统计公报（2015~2020）》数据为参照标准。截至2020年底，河南省郑州市小学在校人数共1003648人，其中女生459149人，占总人数的45.75%，男生544499人，占总人数的54.25%，本研究男女比例与郑州市总人口相近；郑州市城镇在校小学生840865人，乡村在校小学生162783人，城乡比约为5，郑州市小学一至六年级在校生人数分别为144792人、151875人、157436人、165277人、180422人和179568人，一至五年级在校生人数随年级增加，六年级人数有所降低，本研究各年级样本量与郑州市总体趋势保持一致；郑州市2020年低收入户收入支出比为1.29，中等收入户1.61，高收入户2.21，本研究覆盖了收入支出比小于0.5到高于5的各种收入群体。总体而言，本书研究样本对全体郑州市小学生具有良好的代表性。

二 研究工具

在本次调查中，研究团队使用了多种测量工具。

不同区域文化土壤培育出各异的心理特征和价值观念体系，根据区域跨文化研究的现有成果，在移植各种心理测量工具的过程中，应考虑地理环境、文化传统、经济水平、生活方式与心理健康水平的相关性，不同国家、地区存在不同的文化差异，而文化作为影响心理的重要因素，也必将导致不同区域的人们存在相应心理差异（张海钟等，2012）。郑州市作为我国中部地区的新一线城市，目前拥有966所小学，在校生1003648人（《河南统计年鉴2021》），人口稠密且流动性强，在使用相关研究工具进行心理测量和统计的过程中，应该验证它在郑州区域文化环境和特殊时期对小学生的适用性，并考虑测量工具的可操作性和发展性，为区域性常模的建立提供实证支持。

由于施测对象为小学生及其家长，样本量大且处于新冠肺炎疫情防控常态化时期，不便于开展大规模线下施测，本次调查通过网络在线测评系统进行，学生及其家长通过扫二维码或点击网络链接访问测评页面，页面示例见图1。相对于传统的纸质量表而言，量表集成系统在数据采集、动态追踪监测以及根据个人数据变化调整等方面更加高效；此外，在线测量系统可以为此提供方法学支持和便利，对收集到的信息进行初步分析，排除主观误差、故意隐瞒、过分偏重等虚假信息，增强信息的真实性和可靠性。研究团队还能根据被试及家长的意愿，根据他们在系统中主动留下的联系方式与其进行沟通，使动态监测或时间序列——面板数据（panel data）成为可能。另外，为了保护家长和孩子心理数据的安全和隐私，研究团队没有采用"问卷星"等调查平台，而是依托国内主流的云服务平台构建了线上调查链接，防止信息被恶意搜索和抓取。

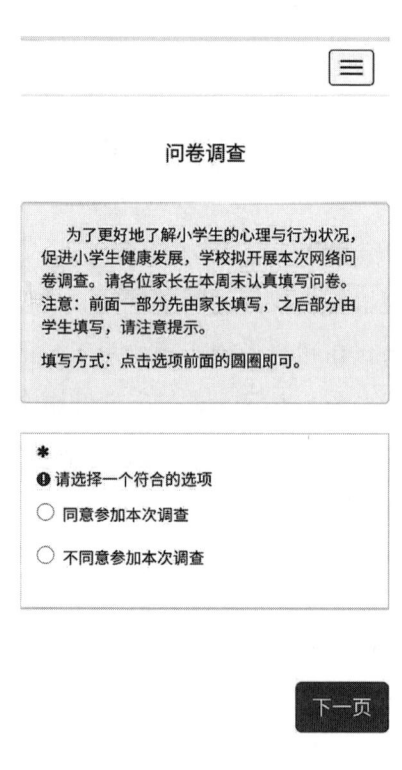

图1 在线测评系统示例

（一）背景信息问卷

收集小学生及家长的基本人口学变量和家庭情况信息，包括年龄、性别、年级、家庭居住地、父母婚姻状况、父母接受教育程度、家庭经济情况、外出工作的时长以及孩子在家中的排序等内容。详情见表2。

表2　背景信息问卷

1. 孩子的性别（请选择一个符合的选项） 男 女
2. 孩子的年龄（周岁，只填阿拉伯数字） ＿＿＿＿＿
3. 孩子的年级（请选择一个符合的选项） 小学一年级 小学二年级 小学三年级 小学四年级 小学五年级 小学六年级
4. 学校全称（××市××县/区××小学） ＿＿＿＿＿
5. 班级全称 ＿＿＿＿＿
6. 家庭居住地（请选择一个符合的选项） 村 乡镇政府所在地 县/区政府所在地 地级市政府所在地 省会/直辖市
7. 父母的婚姻状态（请选择一个符合的选项） 婚姻存续且夫妻和睦 婚姻存续但夫妻不和包括分居 父母离异 父母有一方去世 父母双方去世

续表

8. 过去五年的家庭总收入与家庭总支出的比率大概是（比率越大表示家庭越富裕）（请选择一个符合的选项）
0.5 以下
0.5~1
1~2
2~5
5 以上
不清楚

9. 母亲的受教育年限，只算全日制教育（只填阿拉伯数字）
_____

10. 父亲的受教育年限，只算全日制教育（只填阿拉伯数字）
_____

11. 从孩子出生到现在，母亲外出打工或工作（不在家住）的时长总计约为（请选择一个符合的选项）
小于半年
半年至一年
一至三年
三至五年
五至十年
十年以上
不清楚

12. 从孩子出生到现在，父亲外出打工或工作（不在家住）的时长总计约为（请选择一个符合的选项）
小于半年
半年至一年
一至三年
三至五年
五至十年
十年以上
不清楚

13. 从孩子出生到现在，母亲和父亲同时外出打工或工作（不在家住）的时长总计约为（请选择一个符合的选项）
小于半年
半年至一年
一至三年
三至五年
五至十年
十年以上
不清楚

续表

14. 孩子在家中排序（请选择一个符合的选项）
独生子女
老大（非独生）
老二
老三
老四
其他

15. 您是孩子的（请选择一个符合的选项）
父亲
母亲
爷爷或奶奶
姥爷或姥姥
其他

（二）患者报告结局测量信息系统

患者报告结局测量信息系统自2004年开始根据项目反应理论研制，是症状和生活质量的自我测评标准化工具系统，包括生理、心理和社会健康三大模块。该测量系统通过问卷形式收集被试报告的信息和主观感受（Cella et al., 2007; Liu et al., 2014），具有可比性、良好信度效度、灵活性和包容性，可作为临床治疗效果研究中的主要结局指标，也可用于普通人群中多种慢性疾病及健康状况的研究（Pilkonis et al., 2011; 吴傅蕾, 2019）。

除了使用先进的心理测量技术，PROMIS量表还具有一个突出的优点，即使用T分数来表示个体的得分。T分数的计算依赖平均分和标准差，反映个体得分在群体得分中的位置，类似于过去高考中采用的标准分。T分数相对于原始分的一个突出优点是可以克服年代差异，将不同年代的成绩进行相互比较，而传统量表通常做不到这一点。以焦虑为例，国外研究者20多年前就发现，基于传统量表测量，20世纪80年代社区正常儿童的焦虑水平高于50年代门诊诊断有焦虑障碍的儿童的焦虑水平（Twenge et al., 2000）。这样的结果很容易得出焦虑水平逐年上升的错误结论。所以，本次调研中研究团队使用了多个 PROMIS 量表。

PROMIS 系统包括成人版和儿童版。儿童版包括儿童自我报告和父母评估儿童两个版本。儿童自我报告版适用于 8~17 周岁儿童和青少年自我报告的健康结局指标测评，父母评估儿童版适用于 5~17 周岁儿童和青少年的父母代为报告的健康相关信息。儿童患者报告结局测量信息系统（Pediatric PROMIS）为儿童领域相关研究提供了可信有效、标准化的测量工具（Irwin et al., 2012）。

目前，PROMIS 系统仍在进一步扩展中，其目标主要是发展新的领域和条目池，如慢性病自我管理的自我效能；在普通人群及患病人群中进行纵向研究来测评 PROMIS 的信度、效度及反应特征；在临床试验研究中大规模的检验和应用。在不同疾病人群和不同场所（医院、社区等）扩展应用以及对现有的和新发展的条目池进行其他语言版本的翻译等（刘砚燕等，2013）。本书第一次将 Pediatric PROMIS 中的父母抑郁自评量表（Parent Depression Self Report）、学生抑郁自评量表（Depression Self Report）、父母焦虑自评量表（Parent Anxiety Self Report）、学生焦虑自评量表（Anxiety Self Report）和同伴关系量表（Peer Relationship）用于郑州市小学生及其父母的施测，能够为以上量表在郑州市小学生群体内进行适用性验证，同时为郑州市小学生的心理健康后续追踪研究和常模建立奠定基础。

PROMIS 焦虑量表和 PROMIS 抑郁量表是 PROMIS 心理健康测量领域常用的评估工具，其简表形式是从条目池中经统计检验筛选出的敏感条目。每个量表共 8 个题目，采用五点计分法：从来没有＝1 分，偶尔有＝2 分，有时有＝3 分，经常有＝4 分，总是＝5 分，要求学生评估过去 7 天内与焦虑和抑郁相关的情况，总分为 8~40 分，分数越高则其焦虑和抑郁情况越严重。

PROMIS 同伴关系量表也采用五点计分法，学生要对自己过去 7 天内与同龄同伴的关系进行评估，总分为 8~40 分，分数越高则其同伴关系越好。按照 PROMIS 量表的计分要求，原始得分经转换后采用标准 T 分（均值为 50，标准差为 10）进行不同被试间抑郁程度的比较，T>70 分视为高风险，

T 分数在 60~70 分视为较高风险。本书中父母焦虑自评量表、学生焦虑自评量表、学生抑郁自评量表、同伴关系量表和父母抑郁自评量表的克隆巴赫（Cronbach）系数分别为 0.93、0.92、0.94、0.90、0.93。

（三）人际需求问卷

人际需求问卷（Interpersonal Needs Questionnaire）由凡诺登（Van Orden）编制，李晓敏等人（2015）翻译后形成中文修订版，共 15 个条目，包含归属受挫和自我累赘感知两个维度。在本书中，基于整体研究的需要，将原本的 15 个条目整合为 10 个条目，其中前 5 个条目属于累赘负担感维度，后 5 个条目属于归属挫伤感维度。该问卷包括 3 道反向计分题（第 6、7、10 题），分数越高则表明个体的归属挫伤感和累赘负担感越强，其对人际的需求也越高。采用七点计分法：1=我完全不觉得，2=我不觉得，3=我有点觉得，4=我也许是的，5=有点符合我，6=符合我，7=太符合我了。本书中此量表 α 系数为 0.74。

（四）同伴侵害量表

采用范丽恒等人（Fan et al., 2021）修订的同伴侵害量表（Revised Peer Experiences Questionnaire, RPEQ），包含四个维度，分别为身体侵害、关系侵害、名誉侵害和接受亲社会行为。该量表共 18 道题，采用五点计分法。前三个维度中，大于等于 4 分为有被侵害经历，分数越高，代表受到同伴侵害程度越高；接受亲社会行为分数越高，说明个体接受其他同伴的支持越多，可作为同伴侵害的一种保护性因素。本书中该量表的 Cronbach 系数为 0.85。

（五）简式毅力量表

采用梁崴等人（2014）修订的简式毅力量表（Short Grit Scale, Grit-S），包含两个维度，分别为兴趣稳定性（1、3、5、6 四个条目）和努力持续性（2、4、7、8 四个条目），该量表共 8 道题，采用五点计分法（1=完全不像我，2=大部分不像我，3=有些像我，4=大部分像我，5=非常像我），其中

1、3、6 为反向计分题目。分数越高表明个体的坚毅品质水平越高。本书中该量表的 Cronbach 系数为 0.70。

（六）分裂型人格特质问卷（儿童版）

采用雷恩等人（Raine et al.，2011）开发的分裂型人格特质问卷儿童版（Schizotypal Personality Questionnaire-Child，SPQ-C），该问卷用于评估儿童的分裂型人格，中文版信效度已被检验（Liu et al.，2019），信效度良好。该问卷共有 22 个题目，每题有"是"和"否"两个选项，选择"是"计 1 分，选择"否"计 0 分；包含三个维度，分别为知觉言语缺陷（perceptual and speech deficits）、奇怪行为（odd behavior）和人际情感障碍（interpersonal affective）；得分越高，表明分裂型特质越多。本书中该问卷的 Cronbach 系数为 0.90。

（七）儿童期创伤问卷

采用伯恩斯坦等人（Bernstein et al.，1998）编制，后经傅文青等人（2005）翻译修订的儿童期创伤问卷（Childhood Trauma Questionnaire，CTQ）。该问卷包含五个维度：躯体虐待、躯体忽视、情感虐待、情感忽视、性虐待，共 28 道题，每道题采用五级评分（从不＝1 分，偶尔＝2 分，有时＝3 分，经常＝4 分，总是＝5 分），其中 3 个条目为有效性评估（不计分）。总分在 25~125 分，得分越高，表明遭受的童年期虐待越多。情感虐待≥13 分、躯体虐待≥10 分、性虐待≥8 分、情感忽视≥15 分、躯体忽视≥10 分，只要满足以上任何一个条件，就可以被认为是儿童期创伤者。需要同时满足情感虐待<13 分、躯体虐待<10 分、性虐待<8 分、情感忽视<15 分、躯体忽视<10 分，才可被认为是儿童期无创伤者。本书中该问卷的 Cronbach 系数为 0.75。

（八）非自杀性自伤问卷

研究团队在尤等人（You et al.）的基础上自编了非自杀性自伤问卷

(Non-Suicidal Self-Injury Scale，NSSI)。修订的 NSSI 采用 7 个题目评估儿童自出生以来的若干非自杀性自伤行为（割伤皮肤；有意击打自己留下瘀青；掐自己的身体部位直到流血；用香烟、火柴、橡皮等发热物体烫自己的皮肤；将尖锐物体刺进皮肤或指甲；将皮肤挠出血）及其频率（自出生起，以上行为是否在一年内发生过 5 天以上）。每道题均有"是"和"否"两个选项，选择"是"计 1 分，选择"否"计 0 分，总分为 0~7 分，总分大于 0 则说明儿童存在非自杀性自伤行为，总分越高代表儿童的非自杀性自伤行为越严重。本书中该问卷的 Cronbach 系数为 0.77。

（九）自杀意念量表（PASIS Score）

该量表共 15 题，采用李克特 0~5 评分。将每个题目的得分相加求和，得出总分数，求得的总分越低，代表自杀意念水平越低。研究团队已在河南的初中生群体中使用过该问卷，并且发表了相关研究成果（Liu et al., 2021）。在本书中，该问卷的 α 系数为 0.97。

（十）PAPA 压力生活事件部分

PAPA（Preschool Age Psychiatric Assessment）是国外对学前儿童精神病理学进行评估广泛使用的访谈工具。PAPA 包括对儿童的睡眠行为、分离焦虑、品行问题、生活事件等多方面的评估。PAPA 中的压力生活事件部分描述了儿童生活和环境中出现的主要应激源和威胁生命的事件，共有 38 种压力事件，包括"家庭新增 18 岁以下的孩子""父母离婚""搬家""孩子喜爱的宠物死了""中毒""孩子亲爱的人去世"等，并区分了近三个月的压力事件和过去发生的压力事件。采用"是"和"否"计分方式，要求父母报告儿童是否经历过特定的压力事件，同时也报告了各压力事件对儿童造成的影响。父母从 22 个方面报告每种压力事件的影响，包括"分离焦虑""易怒""抑郁/退缩""难以集中注意力""与同伴的关系改变"等。PAPA 中的压力生活事件既适用于学前儿童，也适用于学龄儿童。

（十一）长处和困难问卷

长处和困难问卷（Strength and Difficulty Questionnaire，SDQ）是由心理学家古德曼（Goodman）于1997年根据《精神病诊断和统计手册-Ⅳ》和《精神与行为分类（第10版）》诊断标准专门设计和编制的。问卷分家长、老师和学生自评3个版本，分别由家长、老师和学生评定。本次采用了家长版，由家长根据对孩子的观察来评估孩子近半年的行为、情绪等方面的表现。SDQ共有25个条目，包括情绪症状、品行问题、多动、同伴交往问题和亲社会行为5个因子，前4个分量表构成困难总分，反映消极的情绪和行为问题，而亲社会行为分量表作为长处问卷，反映积极的行为。每个条目按0~2三级评分：0分=不真实，1分=有点真实，2分=完全真实，其中第7、11、14、21和25这5个条目为反向计分，另外还有1个附加影响因子，包括"困难对孩子的困扰"和"对孩子造成的社会功能缺陷"2个条目，按0~2三级评分，均为正向计分。该问卷的Cronbach α系数为0.65。

（十二）儿科症状量表

儿科症状量表（Pediatric Symptom Checklist-17，PSC-17）是由加德纳（Gardner）及其同事使用探索性因素分析法从完整版PSC中的35个项目简化而来，共有17个题目，包括3个方面：内化问题、外化问题和注意力问题。外化问题主要测量破坏性行为，如攻击性和多动症；内化问题衡量抑郁、担忧和焦虑感；注意力问题测量儿童的注意力缺陷，如容易分心。PSC采用0（从不）~2（经常）计分方式，总分为三个分量表得分相加。分数越高，表明儿童有越多的心理和行为问题。本书中该量表的Cronbach α系数为0.87。

（十三）Achenbach儿童行为量表

阿肯巴克（Achenbach）儿童行为量表（Child Behavior Checklist，CBCL）

是一种在儿童心理健康研究和实践中被广泛使用的工具。由美国心理学家阿肯巴克编制，并针对不同年龄段修订了不同的版本，用来评估儿童和青少年的社会、情感和行为问题。CBCL 6~18岁版的行为问题部分共包括113个项目，主要由照料者根据儿童近6个月的表现进行0、1、2三级评分。分数越高，表示行为问题越严重。CBCL有两种计分方式：一种将儿童的心理与行为问题划分为焦虑/抑郁、退缩/抑郁、躯体主诉、社交问题、思维问题、注意力问题、违纪行为和攻击行为8个因子，注重从儿童的内化和外化症状来划分；另一种则以DSM为导向，涵盖儿童常见的精神障碍，将其划分为抑郁、焦虑、躯体问题、注意力缺陷、对立违抗行为和品行问题6个部分。CBCL在国内外研究中被广泛使用（Achenbach et al., 2000; Frizzo et al., 2015; Huang, 2017; Liu et al., 1999; Tyson et al., 2011）。

（十四）父母压力问卷（简版）

父母压力指数量表（Parental Stress Index, PSI）最初由阿比丁（Abidin, 1983）开发，用于测量照顾者对养育压力的感知。最初由120个项目构成，包括儿童特征、父母特征和可选的压力生活事件三部分。通过一系列探索性因素分析，研究者形成了父母压力指数（简版），包括PSI-SF-36和PSI-SF-15，分别由36个项目和15个项目构成。本书采用PSI-SF-15，包括育儿压力、亲子互动失调和困难儿童三个维度，每个项目采用1~5计分。PSI-SF-15在中国人样本中有良好的信效度。本量表的Cronbach α系数为0.90。

三 数据处理

运用SPSS 21.0软件，采用描述统计、相关分析、独立样本t检验、单因素方差分析、线性回归等方法对调查数据进行统计分析。

四 郑州市小学生心理健康综合状况

(一) 郑州市小学生心理健康和行为问题整体发展状况

本次调查结果显示,郑州市一至二年级小学生中有较高抑郁和焦虑风险的儿童占比为10.1%和10.4%,而有极高抑郁和焦虑风险的儿童占比为5.5%和4.2%。郑州市三至六年级小学生的抑郁和焦虑症状检出率分别为17.5%和16.8%,其中严重抑郁和焦虑症状的检出率分别为4.2%和3.1%。这与上海奉贤区三至五年级小学生(董英、曹晓蕾,2021)、北京东城区三至五年级小学生(刘峥等,2019)、重庆市四至六年级小学生(彭林丽等,2018)相比基本处于同一水平。在心理与行为问题各因子上,有较高风险的儿童占比为0~15.6%,有极高风险的儿童占比为3.8%~6.6%。非自杀性自伤检出率为10.5%,低于成都市一至六年级小学生非自杀性自伤的检出率27.63%(梁楷利等,2021)。值得注意的是,由于上述各项研究的测量工具不同以及被试群体的个体差异,群体间的对比仅具有参考意义。

(二) 不同父母婚姻状况小学生心理健康和行为问题差异

将父母婚姻状况分为父母婚姻存续但存在冲突、父母离异、父母婚姻关系和睦。分析发现,不同父母婚姻状况小学生的心理健康水平存在显著差异。在一至二年级中,父母婚姻关系和睦的小学生在所有8个心理与行为问题因子上的检出率都显著低于父母婚姻存续但存在冲突和父母离异的小学生,并且父母婚姻关系和睦的小学生所经历的压力事件显著少于其他几种父母婚姻状况。而经历过压力事件的小学生在抑郁症状、情绪症状、品行问题、注意力问题、内化问题和外化问题以及多动症状上的得分均显著较高,在亲社会行为分量表上得分显著更低。抑郁症状、情绪症状、多动症状、注意力问题、同伴交往问题、内化问题和外化问题都和学习成绩呈显著负相关。

在三至六年级小学生中，经历父母婚姻冲突的儿童在焦虑、分裂特质和非自杀性自伤上的检出率均高于父母离异和父母婚姻和睦的儿童。这与国内的同类调查结果基本一致（如朱智佩等，2018）。另外，在三至六年级儿童中还发现，父母婚姻冲突中成长的儿童经历了更多的校园欺凌，有更多的童年期创伤经历，而这些负面经历正是某些心理问题和行为问题产生的诱因。和睦的家庭氛围有助于降低儿童出现心理危机的风险。

（三）不同区域小学生心理健康和行为问题差异

分析发现，三至六年级小学生所经历的童年期创伤、自杀意念水平和非自杀性自伤行为存在城乡差异，尤其是县/区小学生的心理健康水平呈现高风险性。相较于市区，村、县/区等区域教育资源相对缺乏，尤其是心理健康教育和心理危机监控投入不足，可能导致这些区域的儿童经历了更多的创伤。此外，随着家庭财富的积累，越来越多的农村外出务工人员将子女从农村送到县城求学，这使得近年来留守县城儿童的比例不断提升。这部分儿童长期无法与父母正常生活，增加了心理和行为问题出现率的城乡差异。2021年发布的《乡村儿童心理健康调查报告》也显示，中国乡村儿童抑郁和焦虑检出率高达25.2%和25.7%，其中留守儿童抑郁和焦虑检出率均高于非留守儿童（陈祉妍等，2021）。

（四）不同年龄小学生心理健康和行为问题差异

从年龄来看，一年级学生的焦虑和抑郁得分显著高于二年级学生。一年级学生从幼儿园进入接受正规教育的环境，可能存在一定的适应问题，导致较高的焦虑、抑郁得分。但是对于三至六年级学生来说，其年龄和心理问题严重程度呈正相关：年龄大的小学生在抑郁、分裂特质、自杀意念、非自杀性自伤的检出率上均显著高于年龄小的小学生。这与之前的调查结果类似（郭菲、明志君、陈祉妍，2021）。本次调查结果还提示，小学低年级阶段的心理问题如果不能及时发现与干预，这些心理问题会逐渐积累，造成更为严重的后果。此外,随着年级的递增,学习压力也同步递增,同时小学高年级的学生正处于由儿童期向青春期过渡的心理发展骤变期,这些因素也会增加年龄大的小学生心理和行为问题的发生概率。

(五)不同性别小学生心理健康和行为问题差异

与前人的研究结果一致(如 Liu et al., 1999),本次调查表明,一二年级男生的退缩/抑郁、社交问题、思维问题、注意力问题、违纪行为和攻击行为得分均显著高于女生,而女生经历的压力事件显著多于男生。三至六年级女生的自杀意念和非自杀性自伤行为检出率显著高于男生,女生的人际情感障碍得分显著高于男生。鉴于良好同伴关系在降低自杀意念上的作用,同伴关系很可能是造成男女自杀意念和非自杀性自伤行为存在显著差异的原因(李海燕等,2019)。

五 建议

本次调查针对郑州市小学生的心理健康状况进行了分析,了解了目前郑州市小学生群体的整体心理健康水平,探讨了与该群体心理健康水平密切相关的个体和家庭环境影响因素。结合调查结果,建议从以下几个方面开展工作,促进小学生的心理健康。

(一)家长是孩子心理健康的守护者

家长需要留意孩子与其同龄人的显著差异,可以通过网络或向专业人士求助,认识这些差异可能反映了哪些问题。家长需要注意孩子情绪方面的变化,重视压力事件或创伤事件给孩子带来的影响。家长还应该重视家庭环境建设,认识到夫妻关系质量对孩子心理健康的意义。如果孩子出现了一定的心理与行为问题,家长还应具有开放而不是封闭的心态,应主动与学校相关人员和其他专业人士沟通。

（二）心理健康教育应纳入学校必修课

学校是心理健康教育的主要场所，学校应提高心理健康教育水平。小学心理健康教育应纳入学校必修课，同时开展校园心理辅导与咨询服务，定期开展积极心理健康专题教育。

（三）教育管理部门应在心理健康教育中发挥领导作用

教育管理部门应提高心理教师队伍业务素质水平，并将学校心理服务体系建设纳入教育质量评估。教育管理部门应完善郑州市小学生心理危机监控预警机制，重视心理普查，及早发现高风险学生，进行干预或治疗。由于目前精神疾病治疗手段不够完善，并且精神和心理治疗资源配置较少，在心理问题出现的早期如果得不到有效识别和干预，有可能引发更多的家庭和社会问题。

（四）构建学校、家长、学生联动合作的三级心理健康教育工作网络

此次调查的多个结果表明，良好的家庭环境是儿童心理健康的关键保障因素。没有家庭教育的学校教育和没有学校教育的家庭教育都不可能完成培养人这一细致和复杂的任务。探索通过"家庭教育档案""家长简报""家长沙龙"等方式，创新和深化家校合作方式，完善家校合作育人体系，学校、家庭、社会通力配合，为学生创造良好的学习和生活氛围。

（五）重视心理健康群体差异和个体差异

实行均衡发展战略，郑州市城乡之间、地区之间、学校之间的教育和心理服务资源均衡配置，缩小城乡之间、不同地区之间以及不同学校之间的个体差异，切实保障所有地区的小学生身心健全发展。本书研究结果提示，应进一步开展群体分层研究，建立区域性心理档案大数据库，构建区域性常模，对基础教育阶段的学生行为和心理变化进行数据画像，最终为心理危机预警提供开放式的数据中心；同时，在应用层面，布局心理健康自评系统和特定心理危机筛查系统。

（六）心理服务体系建设要有针对性

本次调研结果表明，郑州市小学生的心理健康状况存在性别、年龄以及地域差异。因此，心理服务体系建设要考虑本地区、本校学生的具体情况，以及不同年龄、不同性别的学生心理发展特点。

（七）建立学校应急心理服务体系

随着社会应激事件的增多，以及精神疾病的低龄化和患病率的上升，应急心理服务体系建设更是迫在眉睫。应将其纳入学校管理体系，加强与专业医疗机构精神科的转诊对接，与心理危机监测预警相结合，构建从监测到预警再到干预的一体化心理服务机制。

本报告取样并未采用多阶段分层抽样法，样本的代表性存在一定限制。但本书为后续大范围施测、研究工具的筛选、结果的发布和反馈以及建立郑州市学校心理危机监测预警长效机制奠定了基础。

参考文献

陈祉妍．（2021）．乡村儿童心理健康调查报告．2022-02-28，https：//new.qq.com/omn/20211123/20211123A0B48800.html.

董英，曹晓蕾．（2021）．上海奉贤区南桥镇小学生情绪状况的调查．上海医药，42（10），56-59.

傅文青，姚树桥，于宏华，赵幸福，李茹．（2005）．儿童期创伤问卷在中国高校大学生中应用的信效度研究．中国临床心理学杂志，（1），40-42.

郭菲，明志君，陈祉妍．（2021）．中国儿童发展报告．北京：社会科学文献出版社．

河南省教育厅．（2021）．2020年河南省教育事业发展统计公报．2022-02-28，http：//jyt.henan.gov.cn/2021/03-24/2114107.html.

李晓敏，辛铁钢，袁靖，吕丽霞，陶佳雨，刘勇．（2015）．人际需求问卷中文版测评大学生样本的效度与信度．中国临床心理学杂志，23（4），590-593.

李海燕，任梦飞，鞠磊，单杰，李战胜，卢月，…郑文贵．（2019）．潍坊市中小学生自杀意念与心理健康状况的相关性．中国健康心理学杂志，27（5），651-654.

梁崴，王丹丹．（2014）．简式毅力问卷（Grit-S）在青少年运动员群体中的检验．体育世界：学术版，（9），47-48.

刘砚燕，姚静静，陈如男，袁长蓉．（2013）．患者报告结局测量信息系统（PROMIS）的研究进展．现代预防医学，40（13），2440-2443.

刘峥，高爱钰，林力孜，李晨雄，海俊．（2019）．北京市东城区儿童抑郁症状与肥胖的相关性研究．中国儿童保健杂志，27（7），714-716.

梁楷利，胡蜀萍，李玉星，邹锟，黄晓琦，赵莉，石丹理．（2021）．中小学生非自杀性自伤行为家庭环境因素分析．现代预防医学，48（2），304-307.

彭林丽，何芳，杨静薇，冉敏，王宏．（2018）．重庆市某主城区中小学生青春发动时相与抑郁的关系．中国学校卫生，39（2），215-218.

吴傅蕾．（2019）．乳腺癌阶段特异性患者报告结局测量系统的构建研究．中国人民解放军海军军医大学博士学位论文．

朱智佩，方黎，孙莉，周国权，鲁威．（2018）．单亲家庭小学生心理健康状况研究综述．中国校医，32（9），652-654，657.

张海钟，姜永志，赵文进，安桂花，张小龙，胡志军，张万里．（2012）．中国区域跨文化心理学理论探索与实证研究．心理科学进展，20（8），1229-1236.

赵芷若，曾繁杰，任文静，宋亚蓝，田婧，黎萍．（2021）．新型冠状病毒肺炎疫情下小学生心理健康状况及其影响因素．中国当代儿科杂志，（6），626-632.

郑州市教育局．（2021）．2020年郑州市教育事业发展统计公报．2022-02-28，http：//zzjy.zhengzhou.gov.cn/tjnb/4943015.jhtml.

Abidin, R. R. (1983). Parenting stress index-manual. pediatric. Psychology Press, Charlottesville, VA.

Achenbach, T. M., & Ruffle, T. M. (2000). The Child Behavior Checklist and related forms for assessing behavioral/emotional problems and competencies. Pediatrics in review, 21 (8), 265-271.

Bernstein, D. P., & Fink, L. (1998). Childhood Trauma Questionnaire：a retrospectiveself-report manual San Antonio, TX：The Psychological Corporation.

Cella, D., Yount, S., Rothrock, N., Gershon, R., Cook, K., Reeve, B., ⋯& Rose, M. (2007). The Patient-Reported Outcomes Measurement Information System (PROMIS)：

progress of an NIH Roadmap cooperative group during its first two years. Medical care, 45（5 Suppl 1）, S3-S11.

de Pablo, G. S., Radua, J., Pereira, J., Bonoldi, I., Arienti, V., Besana, F., …& Fusar-Poli, P. (2021). Probability of transition to psychosis in individuals at clinical high risk: an updated meta-analysis. JAMA psychiatry, 78（9）, 970-978.

Fan, L., Liu, B., Jin, Z., & Zhu, X. (2021). The validation of Chinese version of the victimization subscale of the Revised Peer Experiences Questionnaire. International journal of environmental research and public health, 18（6）, 2937.

Frizzo, G. B., Pedrini, J. R., de Souza, D. S., Bandeira, D. R., &Borsa, J. C. (2015). Reliability of Child Behavior Checklist and teacher's report form in a sample of brazilian children. Universitas psychologica, 14（1）, 149-156.

Goodman R. (1997). The Strengths and Difficulties Questionnaire: a research note. Journal of child psychology and psychiatry, 38（5）, 581-586.

Huang, C. (2017). Cross-Informant Agreement on the Child Behavior Checklist for youths: A meta-analysis. Psychological reports, 120（6）, 1096-1116.

Irwin, D. E., Gross, H. E., Stucky, B. D., Thissen, D., DeWitt, E. M., Lai, J. S., …& DeWalt, D. A. (2012). Development of six PROMIS pediatrics proxy-report item banks. Health and quality of life outcomes, 10（1）, 1-13.

Li, F., Cui, Y., Li, Y., Guo, L., Ke, X., Liu, J., …& Leckman, J. F. (2022). Prevalence of mental disorders in school children and adolescents in China: diagnostic data from detailed clinical assessments of 17524 individuals. Journal of child psychology and psychiatry, 63（1）, 34-46.

Liu, R. T., Lawrence, H. R., Burke, T. A., Sanzari, C. M., Levin, R. Y., Maitlin, C., …& Zhu, X. (2021). Passive and active suicidal ideation among left-behind children in rural China: an evaluation of intrapersonal and interpersonal vulnerability and resilience. Suicide and life-threatening behavior, 51（6）, 1213-1223.

Liu, R. T., Frazier, E. A., Cataldo, A. M., Simon, V. A., Spirito, A., & Prinstein, M. J. (2014). Negative life events and non-suicidal self-injury in an adolescent inpatient sample. Archives of suicide research, 18（3）, 251-258.

Liu, X., Kurita, H., Guo, C., Miyake, Y., Ze, J., & Cao, H. (1999). Prevalence and risk factors of behavioral and emotional problems among Chinese children aged 6 through 11 years. Journal of the American academy of child & adolescent psychiatry, 38 (6), 708-715.

Liu, J., Wong, K. K. Y., Dong, F., Raine, A., & Tuvblad, C. (2019). The Schizotypal Personality Questionnaire-Child (SPQ-C): psychometric properties and relations to behavioral problems with multi-informant ratings. Psychiatry research, 275, 204-211.

Pilkonis, P. A., Choi, S. W., Reise, S. P., Stover, A. M., Riley, W. T., Cella, D., & PROMIS Cooperative Group. (2011). Item banks for measuring emotional distress from the Patient-Reported Outcomes Measurement Information System (PROMIS): depression, anxiety, and anger. Assessment, 18 (3), 263-283.

Raine, A., Fung, A. L. C., & Lam, B. Y. H. (2011). Peer victimization partially mediates the schizotypy-aggression relationship in children and adolescents. Schizophrenia bulletin, 37 (5), 937-945.

Solmi, M., Radua, J., Olivola, M., Croce, E., Soardo, L., Salazar de Pablo, G., ⋯ & Fusar-Poli, P. (2021). Age at onset of mental disorders worldwide: large-scale meta-analysis of 192 epidemiological studies. Molecular psychiatry, 1-15.

Tyson, E. H., Teasley, M., & Ryan, S. (2011). Using the child behavior checklist with African American and Caucasian American adopted youth. Journal of emotional and behavioral disorders, 19 (1), 17-26.

Twenge, J. M. (2000). The age of anxiety? The birth cohort change in anxiety and neuroticism, 1952-1993. Journal of personality and social psychology, 79 (6), 1007-1021.

Van Orden, K. A., Gukrowicz, K. C., Witte, T. K., et al. (2012). Thwarted belongingness and perceived burden someness: construct validity and psychometric properties of the Interpersonal Needs Questionnaire. Psychol assess, 24 (1), 197-215.

You, J., Leung, F., Fu, K., & Lai, M. C. (2011). The prevalence of nonsuicidal self-injury and different subgroups of self-injurers in Chinese adolescents, Archives of suicide research, 15: 1, 75-86, DOI: 10.1080/13811118.2011.540211.

Zhou, S. J., Zhang, L. G., Wang, L. L., Guo, Z. C., Wang, J. Q., Chen, J. C., ⋯ & Chen, J. X. (2020). Prevalence and socio-demographic correlates of psychological health problems in Chinese adolescents during the outbreak of COVID-19. European child & adolescent psychiatry, 29 (6), 749-758.

第二部分　三至六年级分报告

Part Two　Reports on the Students of Grade Three to Six

童年期创伤状况调查报告

摘　要：童年期创伤经历指发生在童年时期的一系列负性事件，导致儿童长期处于焦虑和无助中。为了解郑州市三至六年级小学生童年期创伤经历（情感虐待、躯体虐待、性虐待、情感忽视和躯体忽视）现状，本报告采用儿童创伤问卷简版（CTQ-SF）对5217名三至六年级小学生进行问卷调查。结果显示，郑州市三至六年级小学生童年期创伤发生率为28.9%，不同性别、年级、居住地和父母婚姻状态具有显著差异。①男生遭受躯体忽视和性虐待的比例显著高于女生。②五、六年级学生得分显著高于三、四年级学生得分。③居住地为省会/城市的学生总分显著低于居住地为村、县/区政府所在地和地级市政府所在地的学生总分。④除性虐待外，来自父母婚姻存续但关系不和家庭的学生在其他四种童年期创伤方面的得分显著高于来自其他类型家庭的孩子。童年期创伤经历对小学生的心理健康具有重要而深远的影响，家庭、学校、心理学研究者和相关部门应当采取措施，加强预防工作和创伤后的应对以及干预。

关键词：童年期创伤；情感虐待；躯体虐待；性虐待；情感忽视；躯体忽视

一　引言

心理创伤是指个体经历了令其感到恐惧的事件，产生了相应的情绪反应。很多事件都可能给个体带来心理创伤，如自然灾害、严重的交通事故和家庭暴力等。除了这些严重事件之外，由于个体差异，普通事件也会给个体造成创伤。另外，即使个体不是创伤事件的直接受害者而仅仅是一个旁观者，也可能成为一种创伤经历（Carr, 2015）。严重的创伤经历有可能导致创伤后应激障碍（Atwoli et al., 2015）。在创伤事件发生后，如果个体经常梦到创伤事件或其他负性事件，清醒时创伤事件在脑海中挥之不去，回避任何会让其想起发生过的创伤事件的线索，变得过于谨慎、焦虑不安，其人际关系、工作或学习也受到影响，那么个体出现创伤后应激障碍（Post Traumatic Stress Disorder, PTSD）的概率很大，需要寻求专业人士的帮助。

童年期创伤经历指发生在童年时期的一系列负性事件，并导致儿童长期处于焦虑和无助中。童年期创伤经历是多种精神障碍和心理问题的风险因素，经历过童年期创伤的人更容易出现心理和行为问题，早期有心理创伤经历的个体患心理疾病的风险高于无创伤经历的个体（Davis & Knight, 2019; Slavin et al., 2020），有创伤经历的个体更容易出现抑郁、焦虑和反社会行为等（张敏莉，2018），甚至出现人格障碍和精神病性体验（郝以辉等，2019）。

创伤经历既可以经由访谈进行评估，也可以采用问卷形式让个体报告自己的创伤经历。由于创伤事件种类很多，不同的创伤问卷通常有不同的侧重点。本报告采用童年期创伤经历问卷的简版（CTQ-SF），让小学生报告自己的创伤经历。该问卷测量五种创伤经历，分别是情感虐待、躯体虐待、性虐待、情感忽视和躯体忽视。情感虐待主要包括被家人鄙视、不被父母关爱甚至感到被父母讨厌或憎恨、常被家人侮辱或羞辱。躯体虐待主要指在家受到体罚，父母甚至用器具殴打孩子。性虐待既包括轻度的性骚扰，如让儿童观看性方面的内容，也包括中度的猥亵，如抚摸孩子的特殊部位或者让孩子抚摸他人的特殊部位，还包括更为严重的性侵犯。情感忽视主要是指儿童在家里没有价值感，家人之间关系冷淡、疏离，儿童无法从家庭获得力量和支持。躯体忽视主要是指以下一些情况：衣食方面得不到保障或质量不高，如吃不饱，衣服脏或不合身，身体需要照顾的时候（如生病）没有人提供帮助。

从全世界范围来看，以上五种童年期创伤经历都有较高的发生率。以躯体虐待为例，世界卫生组织的报告曾指出，从世界范围内看，有1/4的成年人在童年期经历过躯体虐待（WHO，2020）。最近的一项研究指出，在国内4360名初中生群体中，情感虐待、躯体虐待、性虐待、情感忽视和躯体忽视的发生率分别是14.2%、13.0%、16.1%、60.0%、78.6%（Lu et al.，2020）。

目前，关于小学生群体创伤经历的调查较少。有的研究探讨了小学生群体的童年期创伤经历，但是样本量较小；有的研究则把小学生和其他年龄段的学生放在一起，且没有单独报告各种童年期创伤经历在小学生群体中的发生率（Tian et al.，2021）。本报告以郑州市小学生为研究对象，招募了较大的被试样本，有利于进一步了解各种童年期创伤经历的发生率及其特点。

二 研究结果

调查结果显示，童年期创伤经历（CTQ总分）在郑州市小学生中的发生率为28.9%，即有28.9%的儿童童年期创伤至少满足五种创伤类型标准中的一个。以下分别对童年期创伤经历的人口学变量进行差异分析。

（一）各类型童年期创伤经历比较分析

三至六年级小学生童年期创伤经历的五种创伤类型情况见表1。小学生童年期创伤经历的五种类型中，躯体忽视的发生率最高，其后为情感忽视、躯体虐待、情感虐待，性虐待发生率最低。

表1 三至六年级小学生童年期创伤发生情况

单位：人，%

性别	人数	情感虐待	躯体虐待	性虐待	情感忽视	躯体忽视
男	2782	108（3.8）	183（6.6）	130（4.7）	440（15.8）	585（21.0）
女	2435	122（5.0）	95（3.9）	71（2.9）	405（16.6）	517（21.2）
总计	5217	230（4.4）	278（5.3）	201（3.9）	845（16.2）	1102（21.1）

本报告中情感虐待、躯体虐待、性虐待、情感忽视和躯体忽视的发生率模式与其他研究结果比较一致。高蕴仪等人2020年发表的研究成果表明，900多名六年级学生的情感虐待、躯体虐待、性虐待、情感忽视和躯体忽视发生率分别为3.80%、5.53%、7.48%、16.27%、37.96%。本报告和高蕴仪等人的研究都发现，情感虐待、躯体虐待和性虐待的发生率相对于情感忽视和躯体忽视的发生率显著较低。尤其是躯体虐待的发生率相对于过去的元分析结果显著较低，这可能是由于年轻父母的教育理念发生了变化，不再将体罚作为教育孩子的重要方式。

在本报告和高蕴仪等人（2020）的研究中，发生率最高的都是躯体忽视。这可能是由于有些父母工作较忙，不能很好地照顾孩子的衣食等方面。另外，有些父母可能没有认识到物质层面问题给孩子心理带来的影响。情感忽视的发生率仅次于躯体忽视，需要指出的是，虽然情感虐待、躯体虐待和性虐待的发生率较低，但是三者最低的发生率也有3.9%。显而易见，这三种创伤经历对个体的影响更大，所以同样需要引起家庭和学校的重视。

（二）童年期创伤经历的人口学变量分析

1. 性别差异

分别对情感虐待、躯体虐待、性虐待、情感忽视和躯体忽视以及童年创伤经历总分进行独立样本 t 检验，结果显示，小学生在躯体虐待和性虐待上表现出显著的性别差异，男生童年经历的躯体虐待和性虐待程度显著高于女生（见图1、表2）。

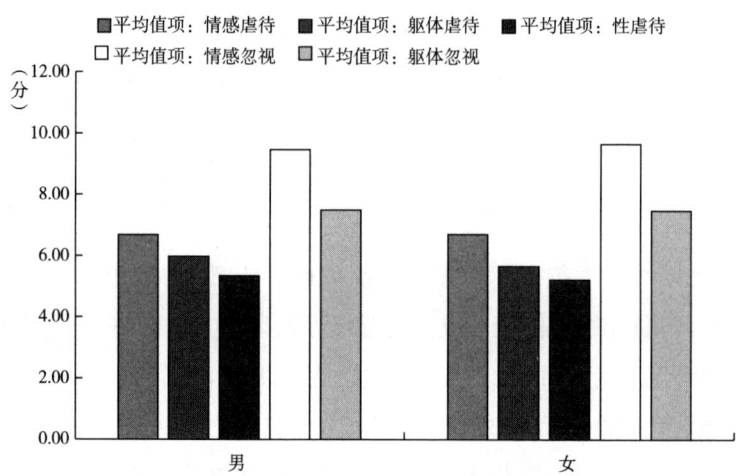

图1 不同性别小学生童年期五种创伤类型比较

表2 性别差异分析结果（$M±SD$）

变量	男	女	t
情感虐待	6.70±2.52	6.72±2.84	-0.28
躯体虐待	6.00±2.20	5.67±1.83	6.60***
性虐待	5.36±1.47	5.24±1.24	3.08**
情感忽视	9.48±5.24	9.68±5.42	-1.31
躯体忽视	7.51±2.86	7.49±2.89	0.20
CTQ 总分	35.03±10.51	34.80±10.55	0.80

注：* $p<0.05$，** $p<0.01$，*** $p<0.001$。

2. 年级差异

分别对情感虐待、躯体虐待、性虐待、情感忽视和躯体忽视以及童年创伤经历总分进行单因素方差分析，结果显示，不同年级小学生在情感虐待、躯体虐待、情感忽视和CTQ总分上呈现显著差异，性虐待和躯体忽视在不同年级间差异不显著（见表3）。对CTQ总分进行事后多重比较，结果显示，三、四年级学生分别显著低于五、六年级学生（$p<0.05$）（见图2、图3）。

表3 年级差异分析结果（$M±SD$）

变量	小学三年级	小学四年级	小学五年级	小学六年级	F
情感虐待	6.36±2.14	6.58±2.48	6.84±2.89	7.09±3.06	16.98***
躯体虐待	5.71±1.78	5.81±1.95	5.95±2.26	5.89±2.10	3.51**
性虐待	5.35±1.39	5.31±1.41	5.26±1.22	5.29±1.49	0.96
情感忽视	9.49±5.52	9.25±5.10	9.81±5.42	9.79±5.25	3.46**
躯体忽视	7.44±2.86	7.39±2.84	7.63±2.90	7.55±2.88	1.93
CTQ总分	34.34±10.15	34.34±10.14	35.49±10.88	35.61±10.92	5.68***

注：*$p<0.05$，**$p<0.01$，***$p<0.001$。

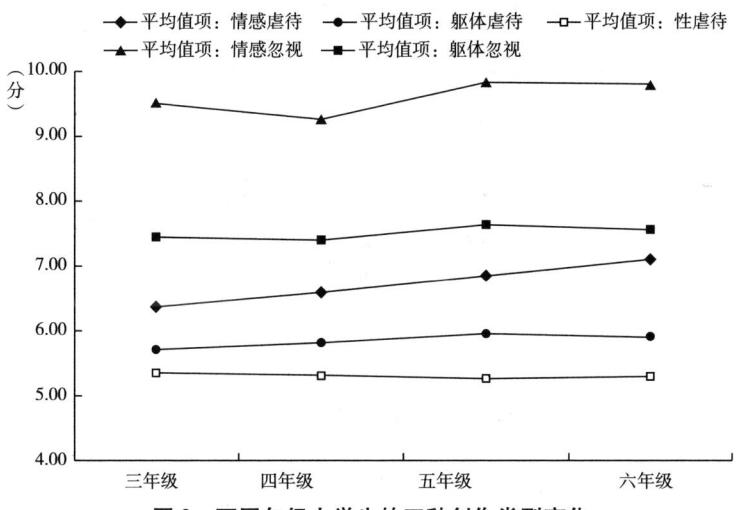

图2 不同年级小学生的五种创伤类型变化

3. 居住地差异

分别对情感虐待、躯体虐待、性虐待、情感忽视和躯体忽视以及童年创伤经历总分进行单因素方差分析，结果显示，不同居住地小学生在情感虐待、躯体虐待、性虐待、情感忽视、躯体忽视和CTQ总分上均表现出显

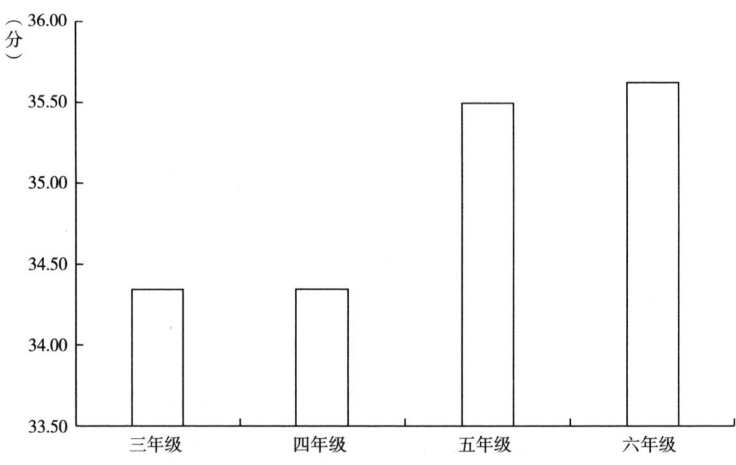

图 3　不同年级小学生 CTQ 总分

著差异（见表 4）。对 CTQ 总分进行事后多重比较，结果显示，居住地为省会/城市的小学生总分显著低于居住地为村、县/区政府所在地和地级市政府所在地的小学生（$p<0.05$）（见图 4、图 5）。

表 4　居住地差异分析结果（$M\pm SD$）

变量	村	乡镇政府所在地	县/区政府所在地	地级市政府所在地	省会/直辖市	F
情感虐待	6.83±2.69	6.25±1.87	7.03±3.15	6.72±2.75	6.66±2.62	3.67**
躯体虐待	6.01±2.37	5.66±1.74	6.16±2.44	5.80±2.13	5.78±1.90	5.38***
性虐待	5.44±1.77	5.18±1.02	5.41±1.56	5.34±1.52	5.26±1.25	3.52**
情感忽视	10.24±5.50	9.89±5.56	10.42±5.66	10.61±5.87	9.23±5.15	12.21***
躯体忽视	7.93±3.04	7.52±2.64	7.91±3.07	7.89±3.03	7.33±2.79	11.09***
CTQ 总分	36.43±11.22	34.50±9.04	36.93±11.47	36.35±10.70	34.26±10.23	12.99***

注：* $p<0.05$，** $p<0.01$，*** $p<0.001$。

4. 父母婚姻状态差异

分别对情感虐待、躯体虐待、性虐待、情感忽视和躯体忽视以及童年创伤经历总分进行单因素方差分析，结果显示，不同父母婚姻状态的小学

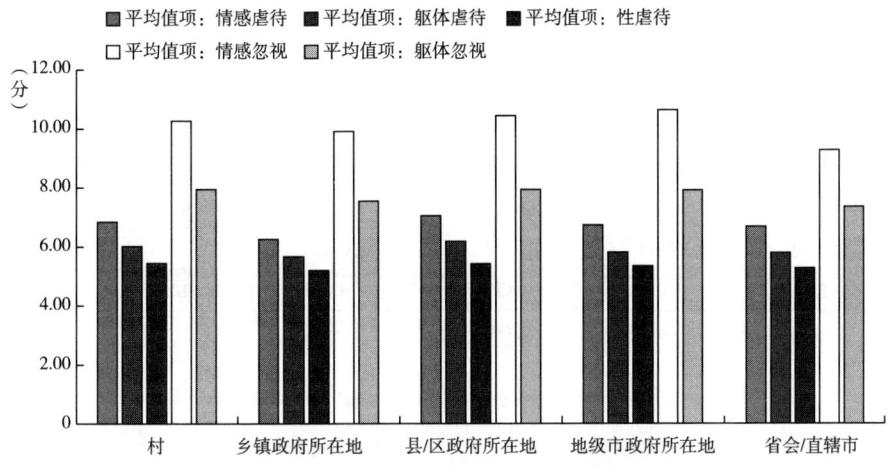

图 4　不同居住地小学生五种创伤类型情况

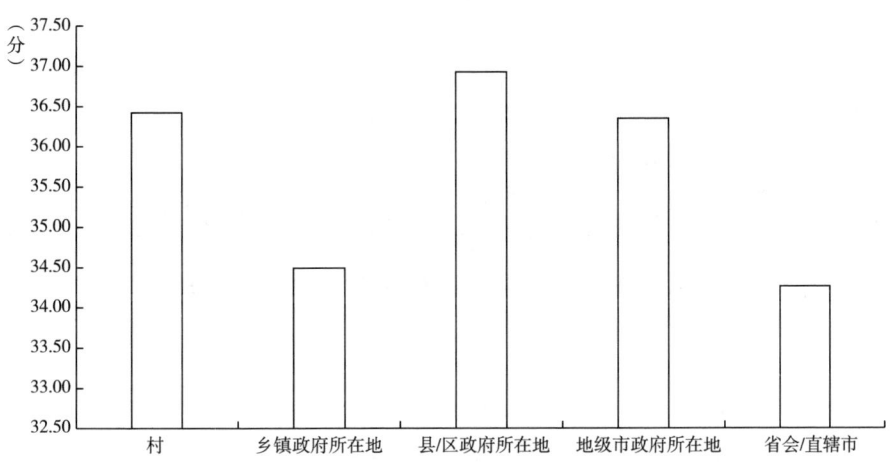

图 5　不同居住地小学生 CTQ 总分

生在情感虐待、躯体虐待、情感忽视、躯体忽视和 CTQ 总分上均表现出显著差异（见表5）。对 CTQ 总分进行事后多重比较，结果显示，父母婚姻存续但关系不和（父母冲突）的小学生 CTQ 总分显著高于父母离异和父母婚姻存续且关系和睦的小学生（见图6、图7）。

表5 父母婚姻状态差异分析结果（$M\pm SD$）

变量	父母离异	父母一方去世	婚姻存续且关系和睦	婚姻存续但关系不和	F
情感虐待	6.92±2.74	7.54±3.90	6.67±2.63	8.16±3.64	9.16***
躯体虐待	5.96±2.02	5.79±2.30	5.81±2.00	7.49±3.30	17.39***
性虐待	5.22±1.04	5.07±0.38	5.30±1.38	5.50±1.33	1.04
情感忽视	10.33±5.72	10.57±6.48	9.47±5.25	13.68±6.56	17.44***
躯体忽视	7.66±3.11	7.50±3.47	7.46±2.83	9.57±3.73	13.74***
CTQ总分	36.09±10.71	36.46±13.50	34.72±10.38	44.40±13.25	22.44***

注：*$p<0.05$，**$p<0.01$，***$p<0.001$。

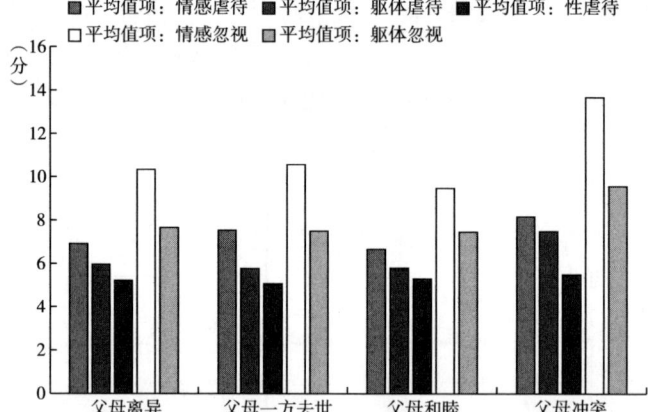

图6 不同父母婚姻状态小学生的五种创伤类型情况

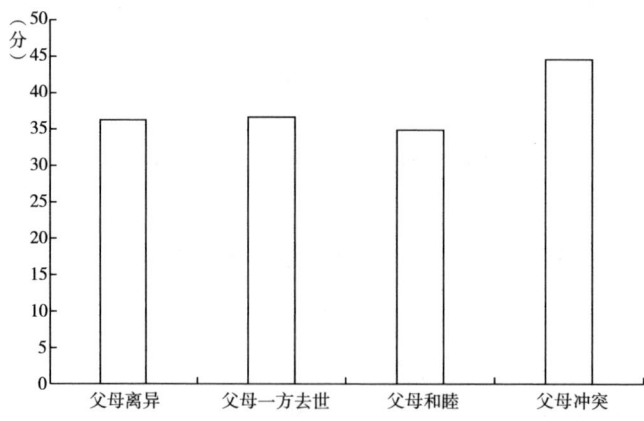

图7 不同父母婚姻状态小学生的CTQ总分

三 现状与建议

本次调查显示,郑州市三至六年级小学生童年期创伤发生率为28.9%,不同性别、年级、居住地和父母婚姻状态的小学生有显著差异。

(一)童年期创伤的性别差异

研究结果表明,不同性别小学生的童年期创伤总分未表现出显著差异,但在具体的创伤类型如躯体虐待和性虐待上,男生显著高于女生。男生比女生更容易遭受躯体虐待。本报告发现,男生和女生遭受性虐待的比例分别是4.7%和2.9%。需要指出的是,本报告中的性虐待是指中等程度以上的性虐待(得分≥8分)。如果采用重度性虐待标准,那么本报告中男生遭受重度性虐待的比例为2.5%,女生遭受重度性虐待的比例为0.9%。在一篇关于中国儿童性侵的综述文章中,女童遭受插入式性侵的比例是1.0%,与本报告中女童遭受严重性虐待的比例非常接近(Ji et al., 2013)。在同一篇综述文章中,中国男童遭受插入式性侵的比例是0.9%。调查问卷的性虐待题目没有明确询问是否属于插入式性侵,所以本报告与该综述文章的比较只能作为初步参考。

(二)童年期创伤的年级差异

从年级看,小学生童年期创伤总分表现出显著差异,随年级升高而呈现上升趋势,三、四年级的小学生创伤总分显著低于小学五、六年级,具体创伤类型主要表现在情感虐待、躯体虐待和情感忽视上。家长可能认为,高年级学生相比三、四年级学生在身体和心理方面更为成熟,可以承受更多的打骂。实际上,五、六年级的学生已经或马上进入青春期,他们的自主性和抗逆性逐渐变强,很可能会从过去的顺从转变为激烈反抗,出现拒绝上学甚至极端行为。

（三）不同居住地的小学生童年期创伤差异

不同居住地小学生的童年期创伤总分差异显著，省会城市小学生创伤分数显著低于村、县/区政府所在地和地级市政府所在地的小学生；在五种创伤类型上，不同居住地小学生创伤类型均具有显著差异。这与以往的研究结果在方向上基本一致（胡静波，2020），可能与家庭经济水平有关。有研究结果显示，经济压力越大，父母对儿童施虐的风险越高（Jirapramukpitak et al., 2011）。另有研究表明，童年创伤经历的增加与偏向农村地区留守儿童家庭环境有直接关系（余应筠等，2013），儿童长期与父母分离，不仅不利于亲子关系的发展，在社会、学校等环境中容易与同伴产生冲突，对负性生活事件的敏感度更高。虽然根据自我认同意识理论的观点，和谐的家庭环境可以弥补因父母亲缺位导致的留守儿童情感不足，通过与父母的情感沟通填补缺失的关爱，减少儿童童年期情感虐待和情感忽视问题，但更要引起政府相关部门的重视，通过制度改革和社会环境建设来改变家庭迁移决策，逐步改变城镇化过程中的家庭成员分离。

（四）重点关注父母婚姻存在冲突的儿童

本报告发现，在父母离异、父母有一方去世、婚姻存续且关系和睦以及婚姻存续但关系不和四种家庭类型中，除了性虐待之外，来自第四种家庭类型的孩子在其他四种创伤经历上得分都显著更高。人们通常认为，父母离异或父母有一方去世对孩子而言是一个明显的负性事件，很少有研究关注父母不和对孩子的影响。在本报告中，家庭和睦和家庭不和都是来自父母其中一方的评定，评定结果信度较高。父母不和比父母离异带给孩子的影响更大，这可能有两个原因：其一，父母可能存在假离婚的情况；其二，父母不和与父母离异，本质上都是父母之间存在矛盾，离异是解决矛盾的一种方式，而不和意味着矛盾持续存在。研究结果也从侧面反映，传统观念中"为了孩子不离婚"很可能并不是一种合适的矛盾解决方式，父母婚姻存续但关系不和对儿童心理的影响机制值得进一步探讨。

（五）干预措施

家长在养育孩子过程中要增强法治观念。《家庭教育促进法》已于2022年1月1日起正式施行，该法第23条明确规定，不得实施家庭暴力，夫妻之间相互使用暴力也会对孩子造成不良影响，应该避免。家长还应知晓，如果自身行为严重侵犯了孩子的正当权益，他人有权进行干预；家长在养育孩子的过程中应多了解心理学知识，转变传统观念，提高对孩子异常行为表现的敏感度，及早发现孩子可能遭遇的精神创伤。学校作为儿童成长的重要环境，首先应该避免可能给儿童带来创伤经历的环境。学校要加强校园精神文明建设、消除校园霸凌现象等；教师应掌握学生的个体差异情况，对特殊学生的批评方式应适度、科学。

心理学研究者应该学习和借鉴国际上比较成熟的针对创伤的干预方法，立足国情，改进和推广适合国情的干预手段，目前国内这方面的技术储备和人才储备都还比较欠缺。心理学工作者可以和民政部门及其他儿童福利保护机构一起，为特殊家庭提供家庭教育指导和心理辅导等相关培训，帮助其提升改善自身的能力，为儿童重塑良好的家庭环境。

预防和打击针对儿童的侵害行为，还需要政法系统的积极参与。近年来，教育部门越来越重视心理普查工作，政法系统可以主动对接教育部门，分析普查结果，从中研判可能存在的犯罪线索，防范某些侵犯儿童犯罪现象的危害。

参考文献

高蕴仪，张亚倩，陈素芬，刘诺兰，刘婷，何琪翘，……陶雨春．(2020)．六年级学生童年期遭受虐待经历与创伤后应激障碍状况的关联性研究．伤害医学（电子版），9(1)，16-21.

郝以辉，王东方，杨新华．(2019)．儿童期创伤对青少年精神病性体验的影响：心理弹性的调节效应．中国临床心理学杂志，27(3)，476-480.

胡静波．(2020)．大学生童年期创伤对手机成瘾倾向的影响．中国健康心理学杂志，28(7)，1071-1076.

余应筠，敖毅，石水芳，朱焱．（2013）．不同类型农村留守儿童生活事件及家庭影响因素．中国公共卫生，29（3），339-342.

张敏莉．（2018）．早期创伤经历儿童的心理弹性现况及其影响因素分析．华中科技大学硕士学位论文，武汉．

Atwoli, L., Stein, D. J., Koenen, K. C., & McLaughlin, K. A.（2015）. Epidemiology of posttraumatic stress disorder: prevalence, correlates and consequences. Current opinion in psychiatry, 28（4）, 307-311.

Carr, A.（2015）. The handbook of child and adolescent clinical psychology: a contextual approach. Routledge.

Davis, K. A., Knight, R. A.（2019）. The relation of childhood abuse experiencesto problematic sexual behaviors in male youths who have sexually offended. Arch sex behav, 48（21）, 49-69.

Ji, K., & Finkelhor, D.（2015）. A meta-analysis of child physical abuse prevalence in China. Child abuse & neglect, 43, 61-72.

Ji, K., Finkelhor, D., & Dunne, M.（2013）. Child sexual abuse in China: ameta-analysis of 27 studies. Child abuse & neglect, 37（9）, 613-622.

Jirapramukpitak, T., Abas, M., Harpham, T., & Prince, M.（2011）. Rural-urban migration and experience of childhood abuse in the young thai population. Journal of family violence, 26（8）, 607-615.

Lu, D., Wang, W., Qiu, X., Qing, Z., Lin, X., Liu, F., …& Liu, X.（2020）. The prevalence of confirmed childhood trauma and its' impact on psychotic-like experiences in a sample of Chinese adolescents. Psychiatry research, 287, 112897.

Slavin, M. N., Scoglio, A. A. J., Blycker, G. R., Potenza, M. N., & Kraus, S. W.（2020）. Child sexual abuse and compulsive sexual behavior: a systematic literature review. Current addiction reports, 7（1）, 76-88.

Tian, X., Lu, J., Che, Y., Fang, D., Ran, H., He, X., …& Xiao, Y.（2021）. Childhood maltreatment and self-harm in Chinese adolescents: moderation and mediation via resilience. BMC public health, 21（1）, 1-9.

WHO.（2020）. Child maltreatment. Retrieved February 28, 2022, from https://www.who.int/news-room/fact-sheets/detail/child-maltreatment.

分裂型人格特质状况调查报告

摘　要：分裂型人格特质个体是精神分裂症的高风险群体。分裂型人格特质表现在感知觉缺陷、人际关系问题和行为紊乱这三个方面。该特质往往出现在儿童和青少年时期，易发展为精神分裂症。为了解郑州市小学生分裂型人格特质的状况以及影响因素，本报告采用SPQ-C中文版问卷调查了5217名三至六年级学生。结果表明，女生的分裂型人格特质得分显著高于男生，尤其是人际情感障碍；小学生的分裂型人格特质得分随着年级的增长而升高；父母婚姻冲突的儿童分裂型人格特质得分最高，父母婚姻和睦的儿童得分最低；父母与孩子分离的时长会显著正向预测儿童的分裂型人格特质；儿童期创伤经历会显著正向预测分裂型人格特质，其中情感虐待的预测作用最大。因此，为儿童营造良好、积极、温暖的家庭氛围和教养环境，有助于降低儿童出现分裂型人格特质的风险。

关键词：分裂型人格；感知觉缺陷；人际关系；行为紊乱；婚姻关系

一　引言

精神分裂症是一种严重的精神疾病，有难治疗、易复发、社会功能衰退和遗传性强等特点。根据黄悦勤（Huang）等人开展的全国性普查，18岁以上人群精神分裂症的发病率为5‰，城乡地区的发病率差异特别巨大，城市人口的发病率约为1‰，而农村人口的发病率约为11‰，即农村人口发病率是城市人口的11倍（Huang et al.，2019）。河南是人口大省，且城市化水平较低，精神分裂症病人较多。根据姚丰菊等（2020）的报告，目前，河南省在册管理的精神分裂症患者有33.9万人。河南省辖市中报告患病率前3位的依次为商丘市（5.23‰）、周口市（5.23‰）、驻马店市（5.23‰），郑州市为2.43‰。根据第七次人口普查结果，这三个市的城镇化率在全省排在后三名（城镇化率最高的是46.2%），郑州的城镇化率为78.4%。河南的发病率情况与黄悦勤（Huang）等人普查发现的城乡差异结果比较一致。虽然以郑州在册管理的精神分裂症的人数计算发病率较低，但是郑州的人口基数大，且郑州不断新增的人口中有相当比例来自农村地区，所以，仍需关注郑州市人群中精神分裂症的预防工作。

从健康人群到精神分裂症患者中间还有一些连续体，基于已有的研究结果，至少有分裂型人格特质（Schizotypal Personality Traits）和分裂型人格障碍（Schizotypal Personality Disorder）。与其他人格特质类似，分裂型人格特质代表了一种比较稳定的思维方式和行为模式。分裂型人格特质个体会有以下一些表现：异常的知觉经验，奇怪的信念，异常的言语（包括声调、语调或某些特定词语的使用），社交焦虑，疑心以及某些精神病性症状。有研究者将这些表现归为三类：认知感知觉缺陷（偏执观念、不寻常的感知觉、思维插入、奇异思维）、人际关系问题（无亲密朋友、过度社交焦虑）和行为紊乱（古怪的行为、古怪的言语）（Cohen et al.，2015）。根据国外的研究，分裂型特质个体大约占人群总体的10%（Beauchaine，Lenzenweger，& Waller，2008）。分裂型人格特质个体通常拥有健康正常的社会功能，即能够正常学习和工作，人际关系也基本正常。如果分裂型人格特质个体的社会功能出现受损，且上述一些表现的频率增高、程度加重，则会过渡到分裂型人格障碍。根据国外学者的研究，分裂型人格障碍个体大约占人群总体的4%（Pulay et al.，2009）。

从精神分裂症的发病率和分裂型人格特质在人群中的比例来看，分裂型人格特质个体罹患精神分裂症的风险比总人群高了十倍。分裂型人格特质不仅会大幅提高个体罹患精神分裂症的风险，而且增大其出现抑郁和自杀等非精神病性问题的风险，如抑郁和自杀（Schimanski et al., 2017），并且会损害个体的认知功能、生活质量以及日常社会功能（Siddi, Petretto, & Preti, 2017）。所以，研究分裂型人格特质对于精神分裂症和非精神病性问题的预防都有重要意义。

精神分裂症的发病群体以18岁以上人群占大多数。12岁或13岁至18岁发病被称为早发型精神分裂症。早发型精神分裂症的发生率相对较低，发病率大约为0.4‰（Gordon et al., 1994）。12岁或13岁以下儿童也有发病案例，其中有些6岁左右的儿童也曾被诊断为精神分裂症。从这个角度来说，虽然18岁以下个体罹患精神分裂症的风险很低，但是其症状比成年人严重（Gordon et al., 1994）。所以，如果能及早发现分裂型人格特质个体，可在一定程度上避免小学生在青春期以及成年期罹患精神分裂症。

由于儿童罹患精神分裂症的案例较少，分裂型人格特质方面的研究绝大部分是以成年群体为研究对象。长期以来，该领域缺乏评估儿童分裂型人格特质的量表。雷恩（Raine）等人早年开发了测量成年人分裂型人格特质的量表，后来，基于SPQ又开发了儿童版的SPQ，可以用于测量儿童的分裂型特质。华人学者刘江红基于国内儿童被试修订了该问卷。本报告即是采用刘江红修订的SPQ-C中文版。

以往的研究表明，儿童期创伤经历与精神分裂型人格特质显著相关，会影响成年后的精神分裂型人格障碍（Schenkel et al., 2005；龚靖波等，2017）。刘正宗等人（2020）考察了儿童期虐待经历对大学生分裂型人格特质的影响，结果表明，有儿童期虐待经历的大学生会表现出较高水平的阳性分裂特质，尤其是情感虐待显著正向预测阳性分裂型人格特质。维利科尼亚等人（Velikonja et al., 2015）对25篇文章的综述结果表明，所有的研究都支持了至少一种类型的创伤经历与分裂型人格特质相关。所以，本报告计划探讨童年期创伤经历与分裂型人格特质的联系。

二 研究结果

(一) 分裂型人格特质的人口学变量差异

1. 性别差异

对不同性别的分裂型人格特质得分做独立样本 t 检验,结果表明,男女生在人际情感障碍维度和总分上差异显著($p<0.001$),女生得分显著高于男生(见表1)。

表1 分裂型人格特质子维度及总分的性别差异($M \pm SD$)

	性别	$M \pm SD$	t
知觉言语缺陷	男	1.85±2.35	-0.909
	女	1.92±2.41	
奇怪行为	男	0.24±0.65	-0.648
	女	0.22±0.65	
人际情感障碍	男	1.61±2.09	-6.812***
	女	2.02±2.28	
总分	男	3.71±4.56	-3.567***
	女	4.17±4.78	

注:*$p<0.05$,**$p<0.01$,***$p<0.001$。

2. 年级差异

单因素方差分析结果显示,分裂型人格特质三个维度和总分的年级主效应均显著($p<0.001$)。事后多重比较结果表明,知觉言语缺陷方面,任意两个年级之间差异均显著($p<0.05$),高年级得分高于低年级;奇怪行为方面,三、四年级差异不显著($p>0.05$),六年级均显著高于三、四、五年级($p<0.05$),五年级均显著高于三、四年级($p<0.05$);人际情感障碍方面,三、四年级差异不显著($p>0.05$),六年级均显著高于三、四、五年级($p<0.05$),五年级均显著高于三、四年级($p<0.05$)。总体上,分裂型人格特质的子维度得分和总分都随着年级的增长而升高(见表2、图1)。

表2 分裂型人格特质子维度和总分的年级差异（$M\pm SD$）

	年级	N	$M\pm SD$	F
知觉言语缺陷	小学三年级	1242	1.51±2.05	22.032***
	小学四年级	1428	1.79±2.31	
	小学五年级	1452	1.99±2.44	
	小学六年级	1092	2.28±2.63	
奇怪行为	小学三年级	1242	0.16±0.52	20.574***
	小学四年级	1428	0.18±0.59	
	小学五年级	1452	0.25±0.67	
	小学六年级	1092	0.35±0.79	
人际情感障碍	小学三年级	1242	1.51±2.02	22.001***
	小学四年级	1428	1.65±2.05	
	小学五年级	1452	1.90±2.26	
	小学六年级	1092	2.19±2.41	
总分	小学三年级	1242	3.19±4.05	27.158***
	小学四年级	1428	3.63±4.41	
	小学五年级	1452	4.15±4.82	
	小学六年级	1092	4.83±5.26	

注：$*p<0.05$，$**p<0.01$，$***p<0.001$。

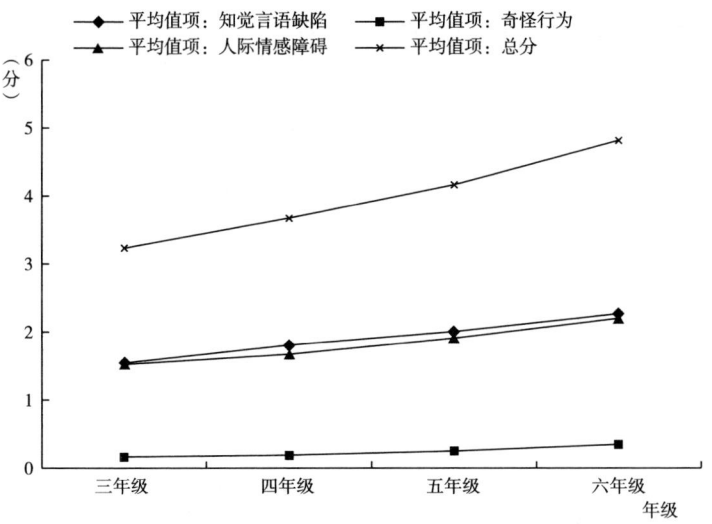

图1 分裂型人格特质子维度和总分随年级变化趋势

(二) 精神分裂特质的环境变量差异

1. 父母婚姻状况

以父母婚姻状况为自变量,对分裂型人格特质三个子维度和总分进行单因素方差分析,结果表明,三个子维度和总分的婚姻状况主效应均显著($p<0.001$)。事后多重检验结果显示,知觉言语缺陷方面,父母婚姻冲突>父母离异>父母婚姻和睦,父母一方去世>父母离异>父母婚姻和睦,父母婚姻冲突和父母一方去世差异不显著($p>0.05$);奇怪行为方面,父母婚姻冲突>父母离异>父母婚姻和睦,父母婚姻冲突>父母一方去世>父母婚姻和睦,父母离异和父母一方去世差异不显著($p>0.05$);人际情感障碍方面,父母婚姻冲突>父母婚姻和睦,父母离异>父母婚姻和睦,父母一方去世>父母婚姻和睦,父母婚姻冲突和父母离异、父母一方去世差异均不显著($p>0.05$);总分方面,父母婚姻冲突>父母离异>父母婚姻和睦,父母一方去世>父母婚姻和睦,父母婚姻冲突和父母一方去世差异不显著($p>0.05$),父母离异和父母一方去世差异不显著($p>0.05$)(见表3)。不同父母婚姻状况儿童的分裂型人格特质子维度和总分情况见图2。

表3 不同父母婚姻状况儿童的分裂型人格特质子维度和总分事后多重比较结果

因变量	p 值	比较结果
知觉言语缺陷	<0.01	父母婚姻冲突>父母离异
	<0.001	父母婚姻冲突>父母婚姻和睦
	<0.001	父母离异>父母婚姻和睦
	<0.05	父母一方去世>父母离异
	<0.01	父母一方去世>父母婚姻和睦
奇怪行为	<0.001	父母婚姻冲突>父母离异
	<0.001	父母婚姻冲突>父母婚姻和睦
	<0.05	父母婚姻冲突>父母一方去世
	<0.001	父母离异>父母婚姻和睦
	<0.05	父母一方去世>父母婚姻和睦

续表

因变量	p 值	比较结果
人际情感障碍	<0.01	父母婚姻冲突>父母婚姻和睦
	<0.05	父母离异>父母婚姻和睦
	<0.01	父母一方去世>父母婚姻和睦
总分	<0.001	父母婚姻冲突>父母婚姻和睦
	<0.01	父母婚姻冲突>父母离异
	<0.001	父母离异>父母婚姻和睦
	<0.01	父母一方去世>父母婚姻和睦

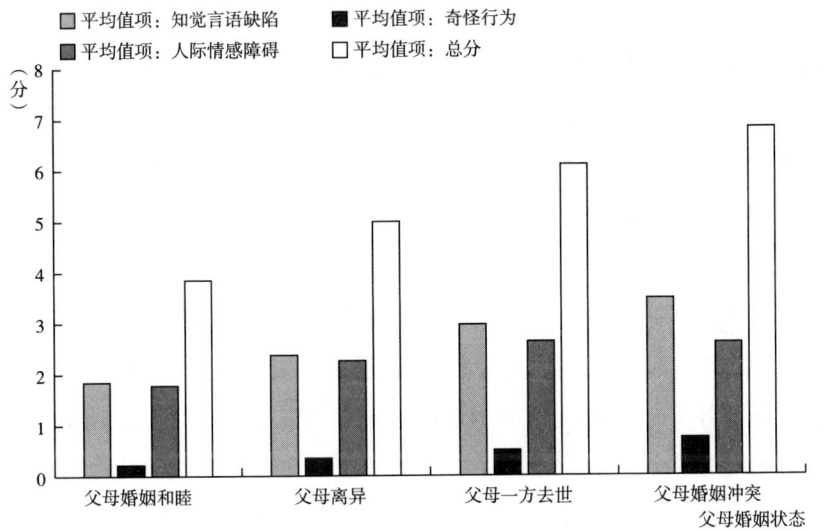

图 2　不同父母婚姻状况儿童的分裂型人格特质子维度和总分情况

2. 儿童留守时间

本报告收集了学生不同留守类型的时间，包括母亲外出时间、父亲外出时间和父母外出时间，其与分裂型人格特质子维度得分和总分的相关情况见表4。母亲外出时间仅与人际情感障碍显著正相关，父亲外出时间与知觉言语缺陷、奇怪行为、人际情感障碍和总分均显著正相关，父母同时外出时间与奇怪行为、人际情感障碍和总分显著正相关。

表4 不同留守类型的留守时间与分裂型人格特质的相关性

	1	2	3	4	5	6
1. 母亲外出时间	1					
2. 父亲外出时间	0.730**	1				
3. 父母亲同时外出时间	0.794**	0.758**	1			
4. 知觉言语缺陷	0.011	0.040**	0.025	1		
5. 奇怪行为	0.022	0.042**	0.037**	0.657**	1	
6. 人际情感障碍	0.031*	0.058**	0.050**	0.716**	0.484**	1
7. 总分	0.023	0.053**	0.042**	0.938**	0.702**	0.902**

注：*$p<0.05$，**$p<0.01$，***$p<0.001$。

在控制了学生的性别、年级和父母婚姻状况后，分别以母亲外出时间、父亲外出时间和父母同时外出时间为自变量，对分裂型人格特质子维度和总分作回归分析。结果表明，母亲外出时间对知觉言语缺陷有显著正向预测作用（$\beta=0.03$，$p<0.05$），对奇怪行为无显著预测作用（$p>0.05$），对人际情感障碍有显著正向预测作用（$\beta=0.06$，$p<0.001$），对总分有显著正向预测作用（$\beta=0.05$，$p<0.001$）；父亲外出时间对知觉言语缺陷有显著正向预测作用（$\beta=0.05$，$p<0.001$），对奇怪行为有显著正向预测作用（$\beta=0.04$，$p<0.01$），对人际情感障碍有显著正向预测作用（$\beta=0.08$，$p<0.001$），对总分有显著正向预测作用（$\beta=0.07$，$p<0.001$）；父母同时外出时间对知觉言语缺陷有显著正向预测作用（$\beta=0.03$，$p<0.05$），对奇怪行为有显著正向预测作用（$\beta=0.04$，$p<0.01$），对人际情感障碍有显著正向预测作用（$\beta=0.07$，$p<0.001$），对总分有显著正向预测作用（$\beta=0.05$，$p<0.001$）。分裂型人格特质子维度和总分随母亲外出时间、父亲外出时间和父母同时外出时间的变化趋势见图3、图4和图5。

（三）儿童期创伤经历

儿童期创伤经历的类型与分裂型人格特质子维度的相关分析结果见表5。从表中可以看出，儿童期创伤经历的各维度与分裂型人格特质的各维度及总分均显著相关（$p<0.01$），其中情感虐待与分裂型人格特质各维度及总分

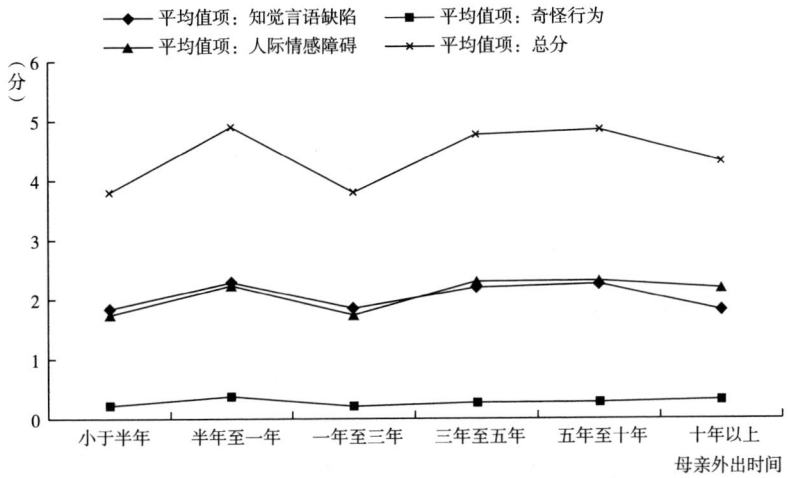

图3　分裂型人格特质子维度和总分随母亲外出时间的变化趋势

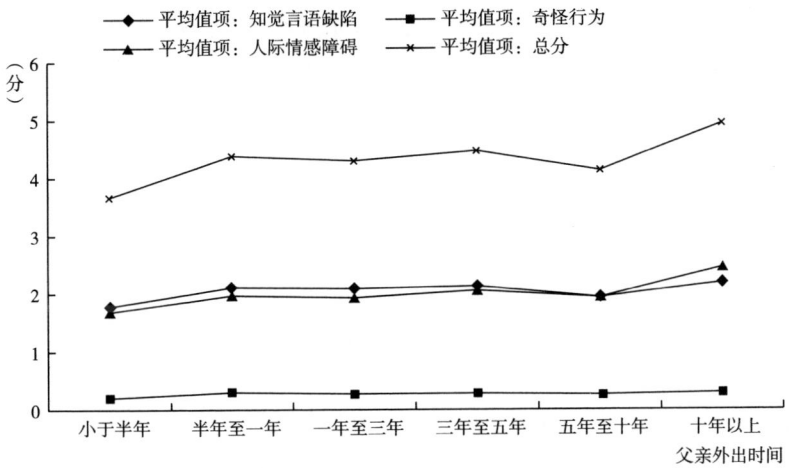

图4　分裂型人格特质子维度和总分随父亲外出时间的变化趋势

的相关度最高。

为进一步考察创伤经历类型对分裂型人格特质的影响，将分裂型人格特质总分作为因变量进行回归分析，第一层放入人口学变量性别、年级，第二层放入环境变量父母婚姻状况和家庭经济状况，第三层放入情感虐待、躯体虐待、性虐待、情感忽视和躯体忽视，最终回归分析结果见表6。

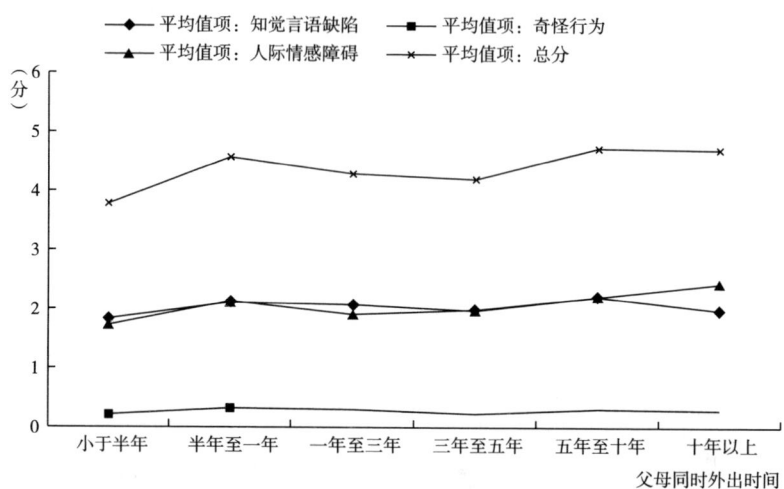

图 5　分裂型人格特质子维度和总分随父母同时外出时间的变化趋势

表 5　儿童期创伤经历类型与分裂型人格特质子维度及总分的相关分析结果

	1	2	3	4	5	6	7	8
1. 情感虐待	1							
2. 躯体虐待	0.649**	1						
3. 性虐待	0.432**	0.545**	1					
4. 情感忽视	0.274**	0.222**	0.173**	1				
5. 躯体忽视	0.348**	0.322**	0.292**	0.697**	1			
6. 知觉言语缺陷	0.465**	0.325**	0.176**	0.166**	0.167**	1		
7. 奇怪行为	0.396**	0.290**	0.172**	0.196**	0.196**	0.657**	1	
8. 人际情感障碍	0.377**	0.238**	0.128**	0.128**	0.120**	0.716**	0.484**	1
9. 总分	0.469**	0.318**	0.174**	0.172**	0.169**	0.938**	0.702**	0.902**

注：*$p<0.05$，**$p<0.01$，***$p<0.001$。

表 6　小学生精神分裂型人格特质总分的回归分析结果

	R^2	F	β	t
模型 1	0.017	47.170***		
性别			0.050	3.637***
年级			0.124	9.023***

续表

	R^2	F	β	t
模型 2	0.019	26.148***		4.001***
性别			0.050	3.665***
年级			0.123	8.937***
父母婚姻状况			-0.038	-2.800**
家庭经济状况			-0.020	-1.479
模型 3	0.234	177.656***		0.155
性别			0.049	4.046***
年级			0.075	6.177***
父母婚姻状况			-0.033	-2.754**
家庭经济状况			-0.018	-1.496
情感虐待			0.438	26.608***
躯体虐待			0.055	3.147**
性虐待			-0.042	-2.870**
情感忽视			0.072	4.233***
躯体忽视			-0.041	-2.306*

注：*$p<0.05$，**$p<0.01$，***$p<0.001$。

表 6 中模型 3 在加入儿童创伤经历后，R^2 明显提高，表明儿童期创伤子维度显著提高了对学生分裂型人格特质的解释。其中，情感虐待对分裂型人格特质有显著的正向预测作用，且预测作用最大（$\beta=0.438$）；躯体虐待和情感忽视有显著的正向预测作用。

三 现状与建议

（一）性别和年级对小学生分裂型人格特质的影响

本报告研究结果表明，女生的分裂型人格特质总分显著高于男生，这是因为女生的人际情感障碍得分显著高于男生，女生和男生其他两个维度的得分并无显著差异。截至目前，研究团队仅检索到一篇基于国内儿童分裂型人格特质研究的文章。刘江红等人的研究发现，男生的奇怪行为得分显著高于女生，其他两个维度无显著差异。本报告与刘江红等人研究结果的差异可能与被试年龄不同有关。刘江红等人研究的被试年龄范围是11~14岁，平均年龄12.1岁，相比本报告的被试年龄稍大。另外，刘江红等人的被试来自江苏，地域差异也可能是一个影响因素。

本报告考察了不同年级小学生的分裂型人格特质，结果表明，子维度和总分都随年级增高而呈增加趋势。在刘江红等人（2019）的研究中，男生的总分是7.05分，女生的总分是6.57分，而本报告中，男生和女生的总分分别是3.71分和4.17分。结合本报告以及刘江红等人的研究结果可以看出，分裂型人格特质总分确实随着年龄增加而呈增加趋势。这可能是由于，随着年龄增长，小学生的自我认识和自我理解更为深入和全面。

（二）父母婚姻状况及外出情况对小学生分裂型人格特质的影响

本报告考察了家庭因素中父母婚姻情况和儿童留守时间这两个变量。结果表明，父母婚姻和睦的学生分裂型人格特质得分最低，父母婚姻冲突的学生分裂型人格特质得分最高；学生的留守时间对分裂型人格特质有显著的正向预测作用。已有研究表明，父母婚姻冲突会通过降低儿童的安全感影响其认知发展，如执行功能发展较差（王学思、李静雅、王美芳，2021）。认知功能缺陷是分裂型人格特质的特征之一，因此，长期的父母婚姻冲突会影响儿童的分裂型人格特质，可能会导致儿童出现异常的思维和行为。

本报告通过考察儿童与父母的分离时长对儿童分裂型人格特质的影响发现，父母外出时间越长，儿童的分裂型人格特质得分越高，尤其是父亲外出时间与分裂型人格特质的三个维度均显著正相关。城市儿童与父母分离的情况也较为常见。父母可能会因为外出进修学习、被公司外派到异地工作、委托父辈照顾孩子等与孩子长期分离。小学生处于身心发展的关键阶段，若长期与父母分离，缺乏父母的关爱和引导，其发展为分裂型人格特质的概率就更高。因此，如果父母无法避免与孩子长期分离的状况，应注意利用现代通信设备，尽可能多地了解孩子的日常生活，关心其学习或生活中遇到的困难。如果父母发现孩子相比其他孩子有一些特殊的方面，如从不跟父母分享其在学校遇到的事情，或者其他比较符合精神分裂症前期征兆的表现，应考虑尽可能与孩子一起生活。

（三）儿童期创伤经历对学生分裂型人格特质的影响

本报告研究结果表明，儿童期不同创伤类型得分均与分裂型人格特质子维度和总分显著正相关，其中情感虐待的相关系数最大；回归分析表明，情感虐待、躯体虐待和情感忽视对分裂型人格特质有显著的正向预测作用，这与前人的研究结果一致（Schenkel et al., 2005；刘正宗等，2020）。儿童的受虐待经历往往与精神分裂型人格障碍的阳性症状有关，如幻觉、缺乏亲密关系等。这可能是由于阳性症状更容易受到环境因素的影响。有受虐待经历或者正处于受虐待中的小学生，往往具有强烈的不安全感，对外界环境抱有敌意或者恐惧，无法正常进行人际交往，从而更容易出现心理问题和偏激行为，形成分裂型人格特质。

参考文献

龚靖波, 何玉琼, 张雪韵, 孟甜甜, 方宇敏, 尚博, 刘剑波. (2017). 大学生童年期创伤和抑郁情绪对分裂型人格特质与执行功能的影响. 中国学校卫生, 38 (8), 1183-1186.

刘正宗, 张嘉敏, 章琴, 李尊, 上官李治, 龚靖波. (2020). 儿童期受虐待经历大学生的分裂型人格特质的性别差异. 中国心理卫生杂志, (2), 141-146.

王学思, 李静雅, 王美芳. (2021). 父母婚姻冲突对儿童发展的影响及其机制. 心理科学进展, (5), 875-884.

姚丰菊, 张伟平, 张瑞岭, 刘长军, 王海岭, 郭正军, 王玉杰. (2020). 河南省严重精神障碍患者管理治疗现状分析. 中国全科医学, (21), 2702-2708.

Beauchaine, T. P., Lenzenweger, M. F., Waller, N. G. (2008). Schizotypy, taxometrics, and disconfirming theories in soft science: comment on Rawlings, williams, haslam, and claridge. Personality and individual differences, 44 (8), 1652-1662.

Cohen, A., Mohr, C., Ettinger, U., Chan, R. C. K., Park, S., (2015). Schizotypy as an organizing framework for social and affective sciences. Schizophr. Bull. 41, S427-435.

Gordon, C. T., Frazier, J. A., Kathleen, M. K., Jay, G., Alan, Z., & Debra, K., et al.. (1994). Childhood-onset schizophrenia: an nimh study in progress. Schizophrenia bulletin (4), 4.

Huang, Y., Wang, Y., Wang, H., Liu, Z., Yu, X., & Yan, J., et al.. (2019). Prevalence of mental disorders in china: a cross-sectional epidemiological study. The lancet psychiatry, 6 (3), 211-224.

Kirchner, S. K., Roeh, A., Nolden, J., & Hasan, A. (2018). Diagnosis and treatment of schizotypal personality disorder: evidence from a systematic review. NPJ schizophrenia, 4 (1), 1-18.

Liu, J., Wong, K. K. Y., Dong, F., Raine, A., & Tuvblad, C. (2019). The Schizotypal Personality Questionnaire-Child (SPQ-C): psychometric properties and relations to behavioral problems with multi-informant ratings. Psychiatry research, 275, 204-211.

Pulay A. J., Stinson FS, Dawson DA, Goldstein RB, Chou SP, Huang B, Saha TD, Smith SM, Pickering RP, Ruan WJ, Hasin DS, GrantBF. (2009). Prevalence, correlates, disability, and comorbidity of DSM-IV schizotypal personality disorder: results from the wave 2 national epidemiologic survey on alcohol and related conditions. Prim care companion J clin psychiatry, 11 (2): 53-67.

Raine, A. (2006). Schizotypal personality: neurodevelopmental and psychosocial trajectories. Annu rev clin psychol, 2, 291-326.

Raine, A., Fung, A. L. C., & Lam, B. Y. H. (2011). Peer victimization partially mediates the schizotypy-aggression relationship in children and adolescents. Schizophrenia bulletin, 37 (5), 937-945.

Schenkel, L. S., Spaulding, W. D., DiLillo, D., & Silverstein, S. M. (2005). Histories of childhood maltreatment in schizophrenia: relationships with premorbid functioning, symptomatology, and cognitive deficits. Schizophrenia research, 76 (2-3), 273-286.

Schimanski, I. D., Mouat, K. L., Billinghurst, B. L., & Linscott, R. J. (2017).

Preliminary evidence that schizophrenia liability at age 15 predicts suicidal ideation two years later. Schizophrenia research, 181, 60-62.

Siddi, S., Petretto, D. R., & Preti, A. (2017). Neuropsychological correlates of schizotypy: a systematic review and meta-analysis of cross-sectional studies. Cognitive neuropsychiatry, 22 (3), 186-212.

Velikonja, T., Fisher, H. L., Mason, O., & Johnson, S. (2015). Childhood trauma and schizotypy: a systematic literature review. Psychological medicine, 45 (5), 947-963.

焦虑状况调查报告

摘　要：焦虑（anxiety）是个体对即将来临的可能会造成危险或威胁的情境所产生的紧张、不安、忧虑、烦恼等不愉快的复杂情绪状态。为了解郑州市三至六年级小学生的焦虑现状及其影响因素，本文采用患者报告结局测量信息系统自评量表（Patient-Reported Outcomes Measurement Information System，PROMIS）中的焦虑自评量表、父母焦虑自评量表和同伴关系量表调查了郑州市六所小学5217名三至六年级学生及其家长。研究结果发现，有16.8%的小学生存在焦虑问题，其中较为严重的有3.1%；父母婚姻冲突的小学生焦虑水平最高；回归分析发现，学生的同伴关系和父母焦虑水平对学生的焦虑水平影响同样显著。

关键词：小学生；焦虑；抑郁；同伴关系；父母抑郁

一　引言

与抑郁障碍相比，公众对焦虑障碍的关注度相对较低。这一点可以从百度的搜索量得到线索。2021年全年，从日均搜索指数看，焦虑症搜索量相当于抑郁症的40%，从资讯关注度指标看，焦虑症关注度仅相当于抑郁症的6%。实际上，无论是成年人还是青少年儿童，焦虑障碍的发生率都高于抑郁障碍。黄悦勤等人开展的18岁以上个体全国性普查表明，焦虑障碍的终生发生率为7.6%，在所有精神障碍中发生率最高（Huang et al.，2019）。李凤华等人（Li et al.，2021）基于四个省一万多名6~16岁儿童/青少年的调查发现，焦虑障碍的发生率为 4.8%，抑郁障碍的发生率为 3.2%。另外，美国针对 10123 名 13~18 岁青少年的一项调查（Merikangas et al., 2010）结果发现，焦虑障碍的发生率为 32%，远高于行为障碍（19.1%）和情绪障碍（14.3%）。可见重视青少年群体的焦虑问题极其必要。

与焦虑障碍相比，焦虑情绪更为常见。当个体面临可能会造成压力、危险或威胁的情境时，会产生紧张、不安、忧虑、烦恼等不愉快的体验，这些都属于焦虑情绪（张春兴，1994）。焦虑是人类在与环境抗争、适应生存的过程中发展起来的一种情绪。适度的焦虑具有积极意义，有助于充分调动个体的潜能，适度提高大脑的反应速度和警觉性。而过度的焦虑会影响个体的心理社会适应以及学习和工作（张清瑶等，2019）。如果焦虑情绪非常严重且相当持久，就会发展成焦虑障碍，进一步影响人的社会功能。

国内有一些研究探讨过小学生的焦虑问题。2007 年一项对牡丹江 6994 名小学生焦虑状况的调查发现，焦虑问题的检出率为 7.28%（彭娟等，2007）。但是，该研究将大于平均分两个标准差才视为有焦虑问题，过高的设定标准可能导致过高的漏报率。薛城等人（2021）于 2019 年 12 月至 2020 年 1 月采用儿童焦虑障碍自评量表（Screen for Child Anxiety Related Emotional Disorder，SCARED），对上海市闵行区两个社区内所有公办小学的三至五年级小学生开展调查，共收集到 7152 名小学生的数据。结果发现，焦虑障碍检出率为 19.91%（1424 名），其中男生、女生焦虑障碍患病率分别为 19.41%和 20.43%。另外，焦虑障碍组过去 1 个月积极情绪持续的平均天数为 12.16 天，较非焦虑障碍组的 16.40 天少；而消极情绪持续的平均天数为 3.76 天，较非焦虑障碍组的 1.38 天多，差异均有统计学意义。

有研究者调查过郑州市儿童的焦虑情况。晁萍等（2003）采用"心理健康诊断测验"（MHT）及有关因素调查问卷，对郑州市三所学校 989 名小学四年级至初中三年级的学生进行测试，结果发现被试焦虑倾向检出率为 36.80%，其中，小学四、五、六年级的焦虑倾向发生率分别为 32.5%、

34.9%、34.7%。常明钰等（2021）以郑州市金水区、中原区和二七区12所中小学的6401名四至九年级学生（其中小学生有3601人）为对象，使用抑郁—焦虑—压力量表中文精简版进行问卷调查。但是，该研究侧重于将郑州市学生的问卷得分与香港和台湾地区学生的得分进行比较，并没有计算焦虑问题的发生率。

上述调查使用了不同的测量工具，缺乏统一的测量标准，也难以进行相互比较。目前针对郑州市小学生焦虑问题的最新统计数据暂时缺乏，为了解郑州市小学生焦虑问题现状，本报告采用整群抽样方法对郑州市三至六年级小学生进行问卷调查，从人口学变量、家庭环境变量及其影响因素等方面了解郑州市小学生焦虑状况，以期为校园心理服务体系建设提供数据支持和科学建议。

二 研究结果

（一）基本情况

将学生PROMIS焦虑自评量表原始分数转化为T分数，并将T分数划分为$T \leq 60$、$60 < T \leq 70$、$T > 70$三组。T分数高于60分则视为存在焦虑问题或有明显的焦虑症状，T分数高于70分则视为焦虑问题比较严重或有极大可能存在抑郁障碍。本次调查发现，有16.8%的学生存在焦虑问题，其中有3.1%情况较为严重，基本情况见图1。

（二）焦虑的人口学变量差异

对男女生焦虑得分进行独立样本t检验，结果见表1，男女生焦虑水平没有统计学意义上的差异（$p>0.05$）。对不同年级学生的焦虑得分进行单因素方差分析，结果显示，四个年级学生的焦虑水平也没有统计学意义上的差异（$p>0.05$）。

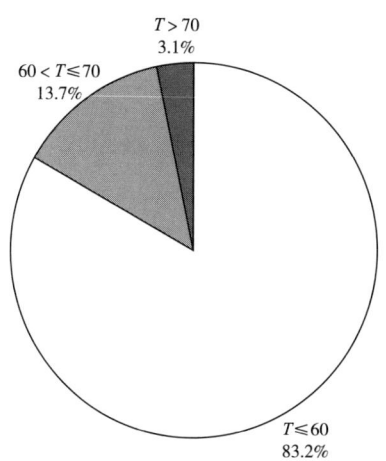

图 1　学生自评焦虑 T 分占比情况

表 1　男女生焦虑得分差异情况（M±SD）

	性别	人数（N）	平均数（M）	标准差（SD）	t
焦虑水平	男	2782	14.71	6.12	-0.33
	女	2435	14.77	6.46	

注：* $p<0.05$，** $p<0.01$，*** $p<0.001$。

（三）焦虑水平的环境变量差异

为了解不同家庭环境中学生的焦虑水平，研究团队对小学生不同父母婚姻状态的焦虑得分进行单因素方差分析，结果见图2，不同父母婚姻状态的学生焦虑水平存在显著差异（$F=7.069$，$p<0.05$）。其中父母有一方去世的小学生焦虑水平最低（14.43±5.45），父母婚姻和睦的小学生焦虑水平较低（14.65±6.24），父母离异（15.70±6.50）和父母婚姻冲突（18.00±7.76）的小学生焦虑水平较高。剔除父母双方均去世的一名被试的数据后，对其他组进行事后多重比较发现，学生父母婚姻冲突与其他三种情况的焦虑水平差异显著。

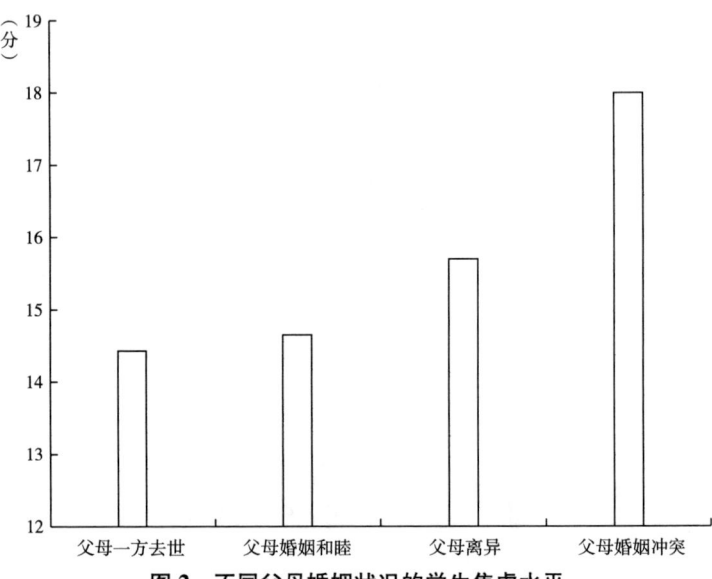

图 2 不同父母婚姻状况的学生焦虑水平

（四）焦虑的影响因素

通过回归分析考察性别、年级、非自杀性自伤行为、同伴关系和父母焦虑水平对小学生焦虑水平的影响。将学生焦虑水平作为因变量，第一层放入人口学变量性别、年级，第二层放入同伴关系，第三层放入父母焦虑，最终回归分析结果见表2。

表 2 三至六年级小学生焦虑水平的线性回归分析

	R^2	F	β	t	p
模型 1	0.001	1.594			
性别			0.004	0.290	0.772
年级			0.024	1.763	0.078
模型 2	0.055	101.346			
性别			-0.004	-0.280	0.780
年级			0.026	1.937	0.053
同伴关系			-0.234	-17.340	0.000

续表

	R^2	F	β	t	p
模型3	0.254	442.690			
性别			0.013	1.051	0.293
年级			0.036	2.993	0.003
同伴关系			−0.173	−14.347	0.000
父母焦虑			0.450	37.228	0.000

表2中模型3的R^2为0.254，说明该模型能够部分预测学生的焦虑水平，学生父母的焦虑水平对学生的焦虑水平有显著的正向预测作用，父母焦虑水平越高，学生的焦虑水平也越高；同伴关系对焦虑水平有显著的负向预测作用，即小学生的同伴关系越好，其焦虑水平越低。

三 现状与建议

（一）小学生焦虑情绪现状

根据PROMIS测量系统的评分标准，将学生焦虑量表得分转换为T分数，T分数高于60分视为存在明显焦虑问题，T分数高于70分则视为可能存在较为严重的焦虑问题。此次调研共检出焦虑问题875例，占总人数的16.8%；其中较为严重的有160例，占总人数的3.1%。

在国内，本报告使用的焦虑问卷仅在患病儿童群体和初中生群体中使用过，在小学生群体中是首次使用，所以找不到采用相同问卷的研究结果来比较。将本报告的结果与其他一些研究对照作为参考：近期的一项研究使用儿童焦虑性情绪障碍筛查表（SCARED）发现，安徽5000多名中小学生焦虑症状的检出率为19.4%（沈晓霜等，2020），本报告的焦虑症状检出率与该研究结果接近。另外，本报告中有严重焦虑问题的学生占比为3.1%，这个数字与李凤华等人（Li et al.，2021）得出的焦虑障碍发生率（3.2%）非常接近。本报告中有严重焦虑问题的学生，有多少达到了焦虑障碍的诊断标准？回答这个问题还需要心理学研究者与精神病学专家进一步开展合作研究。

总体上看，小学生焦虑情绪的检出率较高，有 16.8% 的学生有显著的焦虑情绪。截至本研究报告完成之时，新冠肺炎疫情已流行两年多，线上教学、校园管控、居家期间亲子矛盾易发多发等各种因素都会导致小学生产生焦虑情绪，应尽早建立健全郑州市小学生焦虑情绪监测机制，在全市范围内定期开展普查。对有严重焦虑情绪的小学生，可以依托郑州市专业医疗机构精神科和高校心理学专业学科资源，教育部门、卫健委、家庭、学校和高等院校心理学研究者通力合作，缓解和消除其焦虑障碍。

（二）父母婚姻状况对小学生焦虑影响显著

不同父母婚姻状况的学生焦虑得分方差分析结果表明，父母婚姻状况不同的小学生焦虑水平存在显著差异；事后多重比较结果发现，父母婚姻冲突的学生焦虑水平显著高于父母离异、父母有一方去世和父母婚姻和睦的学生。这一结果与传统家长的认知相悖，在前文章节中已有初步讨论，即父母虽保持婚姻关系但经常爆发冲突的家庭给儿童带来的压力和负面影响超过了离异或丧偶家庭。家庭是小学生成长的最重要环境，父母婚姻冲突不可避免地会影响到小学生，是他们不得不面对的重要压力源之一（Grych, & Fincham, 1990）。父母婚姻冲突持续存在，会削弱儿童的情感安全，让儿童感到家庭的不稳定和不安全，造成儿童需求的缺失，导致儿童的不安、恐惧进而出现焦虑问题（宋占美等，2019）。有研究认为，婚姻质量较差、冲突较多的父母更可能对儿童使用心理攻击、体罚等严厉的管教方式，进而导致儿童表现出更多的外化问题行为（Gerard, & Buehler, 2006）。因此，家长不仅要重视家庭婚姻关系，减少家庭中的冲突性事件，为儿童健康成长提供良好、安全的成长环境，还应提高婚姻危机处理能力，合理安排婚姻关系矛盾无法调和时的儿童养育问题，减少家庭中影响儿童健康成长的不良因素。

（三）父母焦虑对小学生的焦虑情绪影响显著

回归分析发现，父母焦虑水平能够正向预测儿童的焦虑水平，即父母焦虑水平越高，儿童焦虑水平也越高。这与以往多项研究结果一致。有研究认为，家长的焦虑情绪会影响青少年的情绪状态（陈华仔、肖维，2014），父母焦虑是影响儿童焦虑的一个重要因素。但目前焦虑的代际传递机制仍无定论，有研究者认为，父母的教养行为可能是父母焦虑和儿童焦虑之间的一个潜在中介变量（Bogel et al., 2008），与低焦虑水平的父母相比，高焦虑水平的父母可能会对养育孩子的压力更敏感，较少使用温暖、关怀的易接受方式，更可能采用过度控制、缺乏温暖的养育方式，表现出更焦虑的行为模式（Drake，2011）。

如果父母本身的焦虑水平较高，他们面对压力挫折时更容易表现出烦躁、不安、害怕、紧张等情绪，家庭情绪环境也会更为消极。在这种消极的家庭情绪环境中，父母的焦虑情绪可能通过情绪感染（contagion of affect induction）的方式影响到儿童（Denham et al., 1997）。另外，儿童可以察觉到父母表现出来的焦虑情绪，进而通过模仿习得父母的焦虑反应模式（Pereira et al., 2014）。家庭系统理论认为，父母不仅会影响孩子，也会受到孩子的反作用，焦虑的父母和焦虑的儿童相互影响，可能会使家庭中的焦虑情况陷入恶性循环。存在焦虑问题的家长应加强相关知识学习，有意识地运用情绪调节策略缓解自身焦虑情绪，对儿童采取适当的教养方式，必要时寻求医生和心理咨询师的帮助。

（四）同伴关系对小学生的焦虑情绪影响显著

回归分析结果显示，同伴关系能够负向预测儿童的焦虑水平，即同伴关系越好的儿童焦虑水平越低，同伴关系越差的儿童焦虑水平越高。在小学阶段，儿童受到同伴的影响较大。良好的同伴关系直接影响儿童的心理健康发展。有研究发现，同伴关系能够提供必要的安慰、谈心等情感支持，缓冲负面情绪的影响，降低青少年焦虑、抑郁等内化问题的风险（Healy & Sanders, 2018）。具有良好同伴关系的儿童能够较好地与同学、朋友相处，在活动中容易受到同伴接纳，学业成就更高，亲社会行为倾向更强，焦虑情绪更少（韩丕国等，2020），而同伴关系不佳的儿童难以从同伴中获得社会支持，不良的人际关系可能引发儿童相应的社交焦虑，过度的焦虑会影响儿童的学业及社会行为（Langley et al.，2004）。

家长应该关注孩子的同伴关系，鼓励孩子多与同学或社区内的同龄人进行正常交往。如果孩子就读的学校或居住地发生变化，家长应采取措施帮助孩子尽快与新环境中的同学和同龄人建立起稳定良好的同伴关系。学校可以开展多种类型的文体活动，给每个学生提供展现自身的机会，增进学生之间的了解，帮助他们建立良好的同伴关系。

参考文献

陈华仔，肖维．（2014）．中国家长"教育焦虑症"现象解读．国家教育行政学院学报（2），6. doi：CNKI：SUN：GJXZ. 0. 2014-02-005.

常明钰，张瑞星，王梦佳，程梦吟，Lee, R.，…Su, I.（2021）．中国郑州香港台湾三地青少年生存质量和心理健康比较．中国学校卫生，42（4），579-582.

韩丕国，李晓燕，康丽，霍艳芳，王吉祥，赵永超，…刘传进．（2020）．学龄前儿童同伴关系与内化问题的相互预测研究．中国学校卫生，41（12），1848-1850.

彭娟，宋彦，于守臣．（2007）．牡丹江市小学生焦虑问题调查及相关因素分析．中国临床心理学杂志，15（4），424-425.

沈晓霜，李欣，闫军伟，刘帅，胡淑文，郭鹏飞，…钟慧．（2020）．新型冠状病毒肺炎流行期间安徽省中小学生的焦虑情绪．中国心理卫生杂志，34（8），715-719.

宋占美，王美芳，王芳．（2019）．父母婚姻质量与学前儿童焦虑的关系：父亲和母亲严厉管教的中介作用．中国临床心理学杂志，27（1），167-171.

薛城，任俊，殷小雅，陈勃昊，王书梅．（2021）．小学生情绪状态与焦虑障碍发生的剂量反应关系．中国学校卫生，42（3），6. 375-380.

晁萍，吴敏，胡巧云．（2003）．郑州市989名中小学生心理健康问题调查．中国学校卫生．（2），152-153.

张春兴．（1994）．现代心理学：现代人研究自身问题的科学．上海：上海人民出版社．

张清瑶，邢婷婷，王萌孟，任立文，徐夫真．（2019）．父母焦虑、父母控制与儿童焦虑的关系及性别差异. 第二十二届全国心理学学术会议报告, 中国浙江杭州.

Bogels, S. M., Bamelis, L., & van der Bruggen, C. (2008). Parental rearing as a function of parent's own, partner's, and child's anxiety status: fathers make the difference. Cognition & emotion, 22 (3).

Denham, S. A., Mitchell-Copeland, J., Strandberg, K., Auerbach, S., & Blair, K. (1997). Parental contributions to preschoolers' emotional competence: direct and indirect effects. Motivation and emotion, 21 (1), 65-86. doi: 10.1023/A: 1024426431247.

Drake, K. L. (2011). Parenting practices of anxious and nonanxious mothers: a multi-method, multi-informant approach. Child & family behavior therapy, 33 (4), 299-321. doi: 10.1080/07317107.2011.623101.

Gerard, J. M., Krishnakumar, A., & Buehler, C. (2006). Marital conflict, parent-child relations, and youth maladjustment: a longitudinal investigation of spillover effects. Journal of family issues, 27 (7), 951-975.

Grych, J. H., & Fincham, F. D. (1990). Marital conflict and children's adjustment: a cognitive-contextual framework. Psychological bulletin, 108 (2), 267-290.

Healy, K. L., & Sanders, M. R. (2018). Mechanisms through which supportive relationships with parents and peers mitigate victimization, depression and internalizing problems in children bullied by peers. Child psychiatry & human development. doi: 10.1007/s10578-018-0793-9.

Huang, Y., Wang, Y., Wang, H., Liu, Z., Yu, X., & Yan, J. (2019). Prevalence of mental disorders in china: a cross-sectional epidemiological study. The lancet psychiatry.

Langley, A. K., Bergman, R. L., Mccracken, J., & Piacentini, J. C. (2004). Impairment in childhood anxiety disorders: preliminary examination of the child anxiety impact scale-parent version. Journal of child & adolescent psychopharmacology, 14 (1), 105. doi: 10.1089/104454604773840544.

Li et al.. (2021). Prevalence of mental disorders in school children and adolescents in China: diagnostic data from detailed clinical assessments of 17524 individuals. Journal of child psychology and psychiatry, 63 (1), 34-46.

Merikangas, K. R., He, J. P., Burstein, M., Swanson, S. A., Avenevoli, S., & Cui, L. (2010). Lifetime prevalence of mental disorders in u.s. adolescents: results from the national comorbidity survey replication—adolescent supplement (ncs-a). J Am acad child adolesc psychiatry, 49 (10), 980-989.

Pereira, A. I., Barros, L., Mendonça, D., & Muris, P. (2014). The relationships among parental anxiety, parenting, and children's anxiety: the mediating effects of children's cognitive vulnerabilities. Journal of child & family studies. doi: 10.1007/s10826-013-9767-5.

抑郁状况调查报告

摘　要：抑郁症状是常见的以情绪低落表现为主的情绪障碍。为了解郑州市小学生的抑郁情绪状况及其影响因素，并在此基础上探讨改善小学生抑郁状况的方式和路径，本报告采用PROMIS小学生抑郁自评量表、同伴关系量表、人际需求量表和父母抑郁自评量表调查了郑州市六所小学5217名三至六年级学生及其家长。结果显示，三至六年级小学生的抑郁问题检出率为17.5%，其中有4.2%情况较为严重；抑郁问题随着年级的升高而增加，家庭环境和同伴关系越好，学生的抑郁水平越低，父母抑郁正向预测学生的抑郁水平，父母抑郁水平越高，学生的抑郁水平也越高。据此，本报告建议构建郑州市小学生心理危机监测预警系统，结合团体干预、家庭辅导等方式，关注小学生抑郁的动态变化。

关键词：小学生；抑郁；同伴关系；人际需要；父母抑郁

一　引言

2020年10月，《三联生活周刊》发布了《儿童抑郁症：我们为何总是忽视孩子的痛苦？》，该文一经发布就被多个平台转载，很快达到了数十万的网上阅读量。2021年10月，央视推出了六集纪录片《我们如何对抗抑郁》。教育管理部门越来越重视儿童抑郁症，教育部在官方网站明确提出，将抑郁症筛查纳入学生健康体检内容，建立学生心理健康档案，评估学生心理健康状况，对测评结果异常的学生给予重点关注。在抑郁症引起关注的同时，公众对抑郁症也容易产生误解，对一些研究报告产生误读。

媒体一般使用"抑郁症"一词，学术界更常用的是"抑郁障碍"一词。抑郁障碍包括三个子类，一是重度抑郁症（major depressive disorder），二是心境障碍（dysthymic disorder），三是非特定的抑郁障碍（depressive disorder not otherwise specified）（Gelder et al., 2005）。关于重度抑郁障碍，有学者认为，这里的重度并不是指严重程度，而是指个体只患有抑郁障碍，排除了双相的可能。通常医院的诊断书会列出轻度抑郁症、中度抑郁症或重度抑郁症，具体怎么理解这些程度词，要看专业医生的解读。需要注意的是，即便诊断书给出的是轻度抑郁症，通常也可以达到上述重度抑郁症这个子类的标准。

关于抑郁障碍的发生率，近两年有两项比较权威的研究成果。一项是关于成年人的全国性普查，发现抑郁障碍的终生患病率为6.9%，即所有人一生中患上抑郁障碍的概率为6.9%（Huang et al., 2019）。另一项是关于6~16岁学生的大规模调研（Li et al., 2021）。该研究调查了国内五省7万多名学生，先用问卷筛出高风险的学生，然后由精神科医生进行访谈，最终发现抑郁障碍发生率为3.2%，其中重度抑郁障碍的发生率为2.0%。但该研究结果在一定程度上低估了抑郁障碍的真实发生率，一是因为该研究只包括了学校的学生，未包括失学儿童；二是该研究先用问卷进行筛选，可能会将少部分有抑郁障碍的学生过早排除。不过我国小学儿童入学率接近100%，高中生入学率也达到91%，所以，失学儿童的比例很低。过早排除的儿童主要是曾罹患过抑郁障碍但已经康复的，尽管可能存在一定的低估，但低估的幅度应该不大。

在一些研究论文或调查报告中，经常可以看到抑郁检出率达到某个数字，这个数字可能是10%或20%，甚至是50%。这些数字与抑郁障碍发生率差异很大，因为这里的抑郁不是指抑郁障碍，而是指抑郁症状或抑郁情绪。抑郁症状或抑郁情绪的严重程度和持续时长是评估是否患有抑郁障碍的基础，但是它们与抑郁障碍不同。常见的抑郁自评量表评估的就是抑郁症状或抑郁情绪。抑郁自评量表评估的得分越高，个体发生抑郁障碍的概率就越高，但是，即便得了很高的分数（甚至满分），也不意味着个体就有抑郁障碍。总之，不能仅仅基于量表结果来判断一个人是否有抑郁障碍。另外，抑郁情绪在完全健康的人群中也很常见，不必过度恐慌。

不同的研究或调查报告中抑郁症状检出率差异较大，主要有以下原因。一是使用的工具不同。不同的测量工具内容往往不同，侧重不同的症状，很容易造成检出率出现差异。二是即使是使用同一个工具，虽然计分标准相同，但是不同的研究使用的临界值（cut-off score）不同，最终检出率也会差异巨大。例如，有的计分方法只要发现一个抑郁症状就视为检出了抑郁，只有没有任何抑郁症状才视为不存在抑郁情绪，这样宽泛的标准很容易得出很高的检出率，大概率会在50%左右。

虽然抑郁自评问卷结果与抑郁障碍不同，但是两者的确有较强的关联性。如果采用最严格的临界值，得出的检出率通常会低于10%，与抑郁障碍的发生率差距不是特别大。如果一个儿童的得分超过了最严格的临界值，通常意味着该儿童有很高的抑郁障碍风险，最好寻求精神科医生的帮助，以确定其是否达到了抑郁障碍的标准。再加上问卷调查本身几乎不需要经济成本，耗时只需几分钟，所以，进行大规模的抑郁情况筛查，第一步通常是使用抑郁自评量表。另外，有些儿童抑郁量表测评得分不高，虽然目前达不到抑郁障碍的标准，甚至以后的人生中也不会患上抑郁障碍，但是其较高的抑郁情绪也会给学习和生活带来消极影响。基于此，本报告采用抑郁自评问卷考察郑州市三年级以上小学生的抑郁情绪状况，结果反馈如下。

二 调查结果

（一）基本情况

将学生自评抑郁量表分数转化为 T 分数，将 T 分数划分为 $T \leq 60$、$60 <$

$T \leq 70$、$T > 70$ 三组，T 分数高于 60 分视为存在较高的抑郁风险，T 分数高于 70 分则视为存在极高的抑郁风险。结果显示，有 13.3% 的学生存在较高的抑郁风险，另有 4.2% 的学生存在极高的抑郁风险，基本情况见图 1。

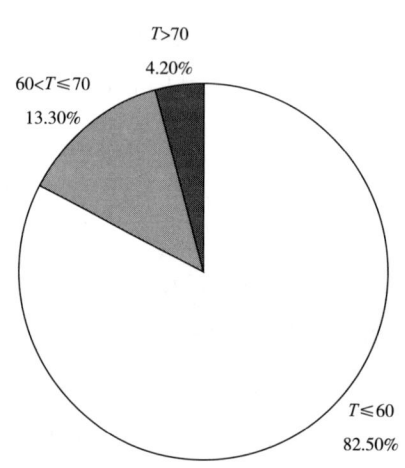

图 1　学生自评抑郁 T 分比例情况

（二）抑郁症状水平的人口学变量差异

独立样本 t 检验结果显示，抑郁症状水平的性别差异不显著（$p > 0.05$）；单因素方差分析结果显示，年级主效应显著（$p < 0.05$）；事后多重比较发现，小学六年级与其他年级学生的抑郁症状水平差异显著（$p < 0.05$）。

郑州市三至六年级小学生抑郁症状水平总体上呈现随年级增长而升高的趋势，六年级学生的抑郁症状得分显著高于其他三个年级（见图 2）。

（三）抑郁的环境变量差异

1. 家庭经济收入

对不同家庭经济收入（以过去五年家庭总收入与家庭总支出的比率表示）的小学生抑郁得分进行单因素方差分析，显示家庭经济收入的主效应显著（$p < 0.05$）；事后多重比较发现，家庭总收入与家庭总支出的比率低于

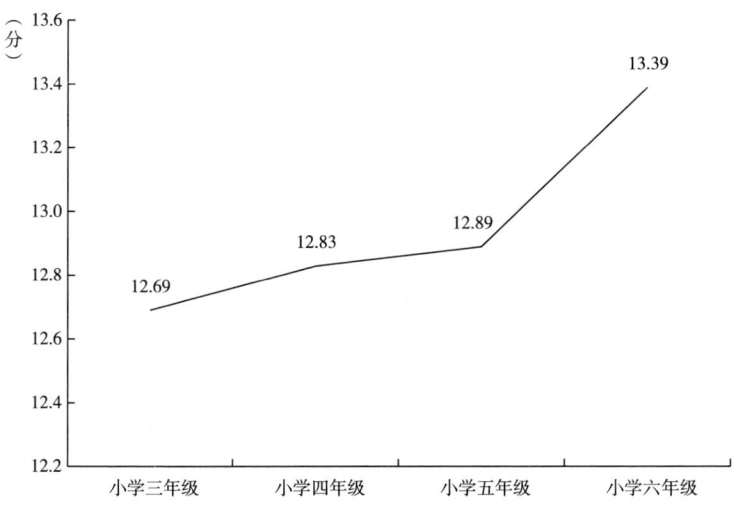

图 2　三至六年级小学生抑郁得分均值

0.5 的学生,其抑郁水平显著高于其他组别($p<0.05$),比率在 5 以上的学生的抑郁水平显著低于 0.5 以下、0.5 以及 1~2 这三个组别($p<0.05$)(见图 3)。这说明,家庭经济情况越好,小学生的抑郁症状水平越低。

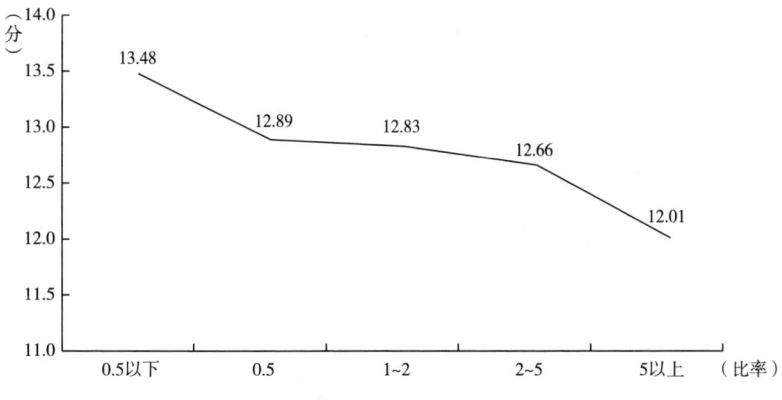

图 3　不同家庭收入学生抑郁得分均值

2. 父母婚姻状况

方差分析结果显示，小学生的父母婚姻状况主效应显著（$p<0.05$）。事后多重比较发现，父母婚姻和睦的学生抑郁症状得分显著低于父母离异组和父母婚姻冲突组（$p<0.05$），父母婚姻冲突的学生抑郁症状得分边缘显著高于父母离异组（$p=0.05$）（见图4）。其中，除一位父母双亡的学生（量表得分24分）外，父母婚姻和睦的学生抑郁症状得分最低；其次是父母一方去世；而父母婚姻冲突的学生抑郁症状水平最高，甚至比父母离异的情况更为严重。

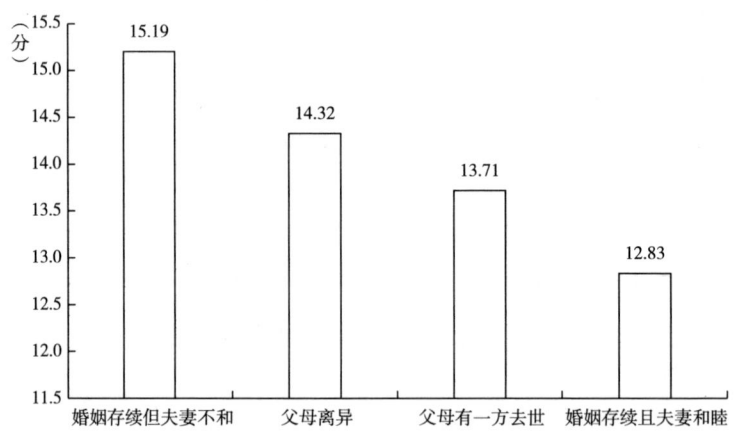

图4 不同父母婚姻状况学生抑郁得分均值

（四）抑郁症状水平的影响因素

对同伴关系、人际需要、父母抑郁水平与学生抑郁症状得分作相关分析，结果见表1。同伴关系与抑郁水平呈显著负相关，说明同伴关系越好，抑郁水平越低，同伴关系越差，抑郁水平越高；人际需要与抑郁水平呈显著正相关，人际需要程度越高，抑郁水平也越高；父母抑郁水平与学生抑郁水平呈显著正相关，父母抑郁水平越高，孩子的抑郁症状水平也越高。

表1 同伴关系、人际需要、父母抑郁水平与三至六年级小学生抑郁症状水平的相关性分析

	同伴关系	人际需要	父母抑郁水平
抑郁水平	-0.269**	0.404**	0.489**

注：*$p<0.05$，**$p<0.01$，***$p<0.001$。

以抑郁症状得分为因变量进行回归分析，第一层放入人口学变量（性别和年级），第二层放入家庭收入水平和父母婚姻状况，第三层放入人际需要、同伴关系、父母抑郁水平，最终回归分析的结果见表2。

表2 三至六年级小学生抑郁症状水平的回归分析结果

	R^2	F	β	t	p
模型1	0.001	3.723			
性别			0.008	0.580	0.562
年级			0.037	2.669	0.008
模型2	0.002	3.661			
性别			0.008	0.592	0.554
年级			0.036	2.586	0.010
家庭收入水平			-0.008	-0.543	0.587
父母婚姻状况			-0.036	-2.620	0.009
模型3	0.348	399.418			
性别			0.010	0.911	0.362
年级			0.022	1.956	0.050
家庭收入水平			0.016	1.426	0.154
父母婚姻状况			-0.007	-0.592	0.554
人际需要			0.304	23.605	0.000
同伴关系			-0.055	-4.277	0.000
父母抑郁水平			0.430	37.658	0.000

模型3中R^2值为0.348，说明该模型能够在一定程度上预测学生抑郁水平。其中，人际需要和父母抑郁水平对学生抑郁水平有显著的正性影响，同伴关系对抑郁水平有显著的负性影响。这说明，人际需要水平越高其抑

郁水平可能就越高；同伴关系越良好，其抑郁水平越低；父母的抑郁程度越高，孩子的抑郁程度也越高。

三 现状与建议

（一）小学生抑郁情绪现状

本次调查结果显示，有4.2%的学生存在极高的抑郁风险，这个比例与国内最新的儿童抑郁障碍发生率3.0%较为接近。另有13.3%的学生有较高的抑郁风险，两者累加比例为17.5%。据此推测，如果邀请精神科医生对这4.2%的学生进行访谈，有多少学生达到了抑郁障碍的标准？另外，13.3%的学生群体中，也不排除有些学生能够达到抑郁障碍的标准，但其比例将低于4.2%的学生群体。要回答这些问题，还需要后续基于反馈结果的跟踪研究和探讨。在李凤华等人（Li et al., 2021）的调查中，6~16岁儿童至少有一种心理障碍的比例也是17.5%，考虑到抑郁通常与其他心理障碍的高共病性，本报告中17.5%的学生即使达不到抑郁障碍的标准，但仍然有较大可能存在其他心理行为障碍。

本次数据分析结果还显示，六年级小学生的抑郁量表得分显著高于其他年级小学生，整体呈现随年级增长而增加的趋势，说明小学生抑郁的危险性因素随着年级的增长不断增加。六年级学生已经开始或接近进入青春期，青春期是多种精神疾病的高发期。国内已有研究发现，随着年级的增长，小学生抑郁症状检出率不断升高（刘福荣等，2021）；这可能是由于，随着年龄增加，学生独立意识逐渐形成，情绪波动起伏大（Thapar et al., 2012）；这也可能与高年级学生的学习压力不断增大、课外学习时间长、娱乐时间减少和睡眠时间减少有关（张学艳、周文君，2015）；还可能与这一年龄段学生第二性征出现、身心发育不平衡倾向更为严重有关（闫梅，2012）。

过去，无论是公众还是研究者都对初高中学生的抑郁问题关注较多，对小学生的抑郁问题关注较少。从本报告的结果来看，小学生的抑郁问题不容忽视，需要进一步加大对小学生抑郁情绪的关注，以免延误了干预和调适的最佳时机。因此，尽早健全郑州市小学生抑郁问题监测预警机制，及时了解小学生抑郁症状的动态变化，并以此为基础探索小学生抑郁问题的发生发展规律，为郑州市相关政策制定提供必要的科学依据。

（二）家庭因素对小学生抑郁情绪的影响显著

本次调查还发现，家庭经济水平和父母婚姻状况对儿童抑郁水平有显著影响，父母抑郁水平能够正向预测儿童的抑郁水平，说明家庭是小学生抑郁水平的重要影响因素。

本报告的结果显示，家庭总收入与家庭总支出的比率低于0.5的学生，其抑郁水平显著高于其他组别。收入支出比低于0.5，表明家庭处于严重的入不敷出状态，很可能除了房贷以外，日常生活开支都需要依靠借贷维持。这样的家庭在本次调查中约占10%。考虑到开展调查时新冠肺炎疫情已经流行一年，这些家庭的收入可能受疫情影响较大，生存压力已经影响到孩子的抑郁水平。国内曾有研究发现，如果母亲只有小学学历（通常意味着这是一个社会经济地位较低的家庭），子女上大学时的抑郁水平相对较高（Zhao & Guo，2018）。本报告表明，家庭社会经济地位或收入对孩子抑郁水平的影响，在小学生身上就有所体现。相反，家庭收入支出比在5以上的学生，其抑郁水平最低。家庭经济水平较高是孩子抑郁风险的降低因素。我国已经基本消除绝对贫困，但相对贫困现象依然存在。因此，政府可以精准扶持这些收入支出比较低的家庭，帮助这些家庭缓解经济压力，这也有助于降低来自这些家庭的孩子的抑郁水平。

本次调查还发现，父母婚姻和睦的学生抑郁水平最低，父母婚姻冲突的学生抑郁水平最高，甚至超过了离异家庭。这说明经常爆发冲突的家庭给儿童带来了较大的负面影响，同前面几章的推论类似，对儿童情绪问题影响最大的不是家庭形式上的完整，而是父母的关系质量。受我国传统文化、社会赞许效应等因素影响，多数家庭婚姻关系即使存在不可调和的矛盾，也常常勉强维系以为下一代创造完整的外部成长环境，这反而会加剧儿童负面情绪的产生，甚至出现心理问题。心理控制相关理论（parental psychological control）认为，低质量的婚姻关系和夫妻关系冲突与较高的父母心理控制水平有关（Krishnakumar et al.，2003），不良婚姻关系的强行维系会给儿童带来负罪感，而负罪感本身就是抑郁的重要症状之一。因此，父母应该充分认识到父母之间的冲突对孩子抑郁情绪的影响。

回归分析结果显示，父母的抑郁水平能够显著正向预测儿童的抑郁水平，即父母抑郁水平较高，子女的抑郁水平往往也较高。当父母长期处于较高的抑郁水平时，周围的重要关系可能随之而受损，如婚姻关系遭到破坏、不合理的教养方式和不良的亲子关系等（Mcadams et al.，2015）。父母作为成年人，其经济压力、工作压力和人际压力不容忽视，但是，如果父母能够认识到自身的抑郁情绪会给孩子带来消极影响，相信父母会有更大的动力驱动自我调控能力，以更加有效地应对自身的压力。

（三）同伴关系和人际需要对小学生抑郁水平有正向预测作用

本次调查发现，小学生同伴关系质量和人际需要能够预测学生抑郁水平，拥有良好同伴关系的学生抑郁水平显著低于同伴关系不良的学生，归属挫伤感和累赘负担感水平越高的学生抑郁水平也越高。

大卫（David）等人（2000）对23项横向研究进行元分析结果发现，负性同伴关系与内化问题的各项指标均显著相关，且在不同群体和不同测量方法的前提下，同伴关系与抑郁水平仍保持较高程度的相关性。在此基础上，郭海英等人（2017）采用交叉滞后设计的多次追踪研究揭示了二者的循环作用模式。儿童的不良同伴关系既是其抑郁的重要危险因素，同时也是抑郁所导致的不良结果。一方面，同伴关系中的不利状况会增加儿童抑郁等内化问题；另一方面，儿童抑郁水平升高，他们会表现出更多退缩、顺从的行为，缺乏果断性，也缺少同伴支持，从而容易遭受同伴的攻击，进一步恶化他们的不良同伴关系。结合本报告的横断面数据结果，这不仅提示要重视同伴关系对儿童抑郁等内化问题的作用，通过团体辅导、个体干预、团体活动等方式加强儿童集体归属感，促进良好同伴关系的培养，更要关注后续动态测评，关注儿童抑郁水平的变化和干预手段的效果，从政府层面建立区域性儿童心理危机监测预警系统，健全郑州市心理健康数据监测体系。

参考文献

郭海英，陈丽华，叶枝，潘瑾，林丹华．（2017）．流动儿童同伴侵害的特点及与内化问题的循环作用关系：一项追踪研究．心理学报，49（3），336-348.

刘福荣，吴梦凡，董一超，岳馨培，尚小平，隋美丽，…刘新奎．（2021）．小学生抑郁症状检出率的 meta 分析．中国心理卫生杂志，35（6），482-488.

闫梅．（2012）．武汉地区9~17岁青少年抑郁与生长发育关系的研究．华中科技大学硕士学位论文．Retrieved from https://kns.cnki.net/kcms/detail/detail.aspx?FileName=1013014411.nh&DbName=CMFD2013 Available from.

张学艳，周文君．（2015）．盐城市小学生抑郁症状及相关行为研究．中国社会医学杂志，32（3），192-194.

David, S., J., Hawker, Michael, J., ... Boulton. (2000). Twenty years' research on peer victimization and psychosocial maladjustment: a meta-analytic review of cross-sectional studies. Journal of child psychology & psychiatry. doi: 10.1111/1469-7610.00629.

Gelder & Mayou, Geddes (2005). Psychiatry: page 170. New York, NY; Oxford University Press Inc.

Huang, Y., Wang, Y., Wang, H., Liu, Z., Yu, X., & Yan, J., et al. . (2019). Prevalence of mental disorders in China: a cross-sectional epidemiological study. The lancet psychiatry.

Krishnakumar, Ambika, Buehler, Cheryl, Barber, ... Brian, K. (2003). Youth perceptions of interparental conflict, ineffective parenting, and youth problem behaviors in European-American and African-American families. Journal of social & personal relationships.

Li et al. . (2021). Prevalence of mental disorders in school children and adolescents in China: diagnostic data from detailed clinical assessments of 17,524 individuals. Journal of child psychology and psychiatry, 63 (1), 34-46.

Mcadams, T. A., Rijsdijk, F. V., Neiderhiser, J. M., Narusyte, J., Shaw, D. S., Natsuaki, M. N., ... Leve, L. D. (2015). The relationship between parental depressive symptoms and offspring psychopathology: evidence from a children-of-twins study and an adoption study. Psychological medicine, 45 (12), 2583-2594. doi: 10.1017/S0033291715000501.

Thapar, A., Collishaw, S., Pine, D. S., & Thapar, A. K. (2012). Depression in adolescence. Lancet-london-, 379 (9820), 1056-1067.

Zhao, S., & Guo Y. (2018). The effects of mother's education on college student's depression level: the role of family function. Psychiatric research, 269, 108-114.

自杀意念状况调查报告

摘　要：自杀意念是个体在思想或意念中形成关于死亡的想法以及形式内容，但并未采取威胁自身生命安全的行为。为了解郑州市三至六年级小学生自杀意念现状及其影响因素，研究团队采用自杀意念量表、同伴关系量表和简式毅力量表对5217名三至六年级小学生进行问卷调查。结果显示：①小学生的自杀意念水平表现出显著的性别差异，男生的自杀意念水平显著低于女生；②小学生的自杀意念水平表现出显著的年级差异，随着年级升高，小学生自杀意念水平呈现升高趋势；③不同居住地的小学生的自杀意念水平差异显著，居住在县/区政府周围地区的小学生自杀意念水平显著高于居住在除地级市以外的其他地区的小学生；④同伴关系和坚毅品质负向显著预测小学生的自杀意念，同伴关系越好、坚毅品质越高，自杀意念水平越低。结论：对于小学生自杀意念水平在性别以及不同年级存在的差异需要引起重视，及时帮助小学生建立良好的同伴关系，增强坚毅品质，强化抗挫折能力，从而有效降低小学生的自杀意念水平。

关键词：自杀意念；同伴关系；毅力

一　引言

自杀是全球面临的公共卫生问题，世界卫生组织调查表明，全球每年约有80万人死于自杀，全球范围内，每10万个女性中有7.5人自杀，而每10万个男性中有13.7人自杀。中国男性和女性的自杀率分别是9.1/10万和

10.3/10万，总体上相当于全球平均水平。但是，世界上只有五个国家女性的自杀率高于男性，分别是中国、孟加拉国、莱索托、摩洛哥和缅甸（WHO，2019）。

对于青少年群体而言，自杀已经成为其死亡的重要原因之一（Nock et al.，2008）。据调查，美国10~14岁和15~24岁群体的死亡原因中，自杀都占据第二位。更低龄的儿童也存在自杀行为。根据美国疾病控制与预防中心（CDC）的报告，1999~2015年，共有1309名5~12岁的儿童自杀身亡。2019年，有29名10岁以下的美国儿童自杀身亡（Curtin，Heron，2019）。值得注意的是，大多数父母对孩子的自杀原因都无知无觉。2020年，一项研究调查了一万多名儿童，发现那些尝试过自杀的9~10岁儿童，88%的家长都不知道孩子曾经尝试要自杀（De Ville et al. 2020）。

自杀意念是自杀死亡的主要危险因素之一。自杀意念（suicidal ideation）是指个体在思想或意念中形成关于死亡的想法以及形式内容（Bonner & Rich，2011），但是并未采取威胁自身生命安全的行为。自杀意念可以分为消极自杀意念和积极自杀意念，前者是指个体只是想到了死亡但没有想过通过哪些具体方式来实现死亡，后者是指个体不仅想到了死亡，还想过具体的手段、途径来实现死亡。对于自杀意念，绝大部分研究是以12岁以上儿童作为研究对象。很少有研究探讨12岁以下儿童的自杀意念。2020年，美国的一项研究发现，9~10岁儿童消极自杀意念的产生率是6.4%，积极自杀意念的产生率是4.4%。这表明，12岁以下甚至10岁以下儿童的自杀意念问题值得关注（De Ville et al.，2020）。

小学生的自杀意念问题值得关注，主要有以下几点原因。有自杀意念并不意味着就会出现自杀行为。但是，相对于没有自杀意念的儿童，有自杀意念的儿童未来采取自杀行为的概率显著较高。德国的一项研究表明，11岁之前有自杀意念的儿童，与没有自杀意念的儿童相比，成年后（10~14年后）出现自杀意念的风险高10.7倍，出现自杀行为的风险高5.8倍，而且出现焦虑障碍和抑郁障碍的风险也更高（Herba et al.，2007）。另外一项研究还发现，9~10岁有自杀意念的儿童相对于没有自杀意念的儿童，其记忆功能也显著较低（Huber et al.，2020）。

有相当多的研究探讨了儿童自杀意念的风险因素，如家族自杀史、焦虑抑郁、不理解死亡、自伤行为、学习困难、创伤经历、家庭环境、受欺负、至亲去世或宠物死亡等。本次调查则希望探讨儿童自杀意念的抵抗因素：坚毅和同伴关系。坚毅是一种重要的人格品质，与心理学中的坚韧、心理韧性等结构类似，都是个体在完成目标或克服困难时表现出的坚持不懈的努力和坚忍不拔的品质，能够较好地应对压力并保持心理健康（Maddi et al.，2013）。因此，具备坚毅品质者会对生活充满希望，拥有较低的自杀意念水平。同伴关系（peer relationship）是指在年龄或心理水平上与相似的儿童在日常生活中建立的一种较为平等的人际交往关系。以往的研究表明，高质量同伴关系对个体心理健康具有积极促进作用，并有助于调节自身不良情绪等（王娟等，2006），即高质量同伴关系有利于降低个体诱发抑郁的风险（颜志强、李珊，2021）。本报告认为坚毅品质和同伴关系能够有效缓解儿童自杀意念，对儿童自杀意念具有负向预测作用。

总体上，国内目前关于自杀意念的研究主要针对15岁及以上的青少年展开（刘羽等，2020），而针对小学生的研究相对较少。因此，本次调查有助于学校和家长更好地了解小学生的自杀意念现状，以便采取必要的教育和保护性措施。

二 调查结果

调查结果显示，三至六年级存在自杀意念的小学生占比为15.2%，即有15.2%的小学生存在不同程度的自杀意念（自杀意念得分大于1分的学生比例）。分别对小学生自杀意念的人口学变量差异及影响因素分析如下。

（一）小学生自杀意念的人口学变量差异

1. 性别差异

对小学生自杀意念水平进行独立样本 t 检验，结果显示，男女小学生的自杀意念水平存在显著差异（$t=-4.52$，$p<0.001$），女生自杀意念水平（$M=2.04$，$SD=8.11$）显著高于男生（$M=1.16$，$SD=5.87$）（见图1）。

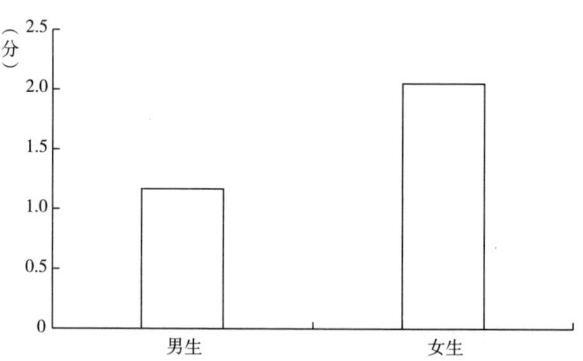

图1　不同性别小学生的自杀意念平均分

2. 年级差异

对小学生自杀意念水平进行单因素方差分析，结果显示（见表1），不同年级小学生自杀意念水平存在显著差异（$F=10.53$，$p<0.001$）；事后多重比较结果显示，除五、六年级小学生自杀意念水平差异不显著外，其他年级两两之间自杀意念水平表现出显著差异（$p<0.05$）（见图2），随着年级升高，小学生自杀意念水平呈现升高趋势。

表1　年级差异分析结果（$M\pm SD$）

变量	小学三年级	小学四年级	小学五年级	小学六年级	F
自杀意念	0.86±4.94	1.24±6.19	2.02±8.22	2.23±8.16	10.53[***]

注：$*p<0.05$，$**p<0.01$，$***p<0.001$。

（二）自杀意念的家庭环境因素差异

对小学生自杀意念水平进行单因素方差分析，结果显示（见表2），家庭居住地不同，小学生的自杀意念水平得分存在显著差异（$F=2.55$，$p<0.05$）；事后多重比较发现，居住在县/区政府所在地的小学生自杀意念

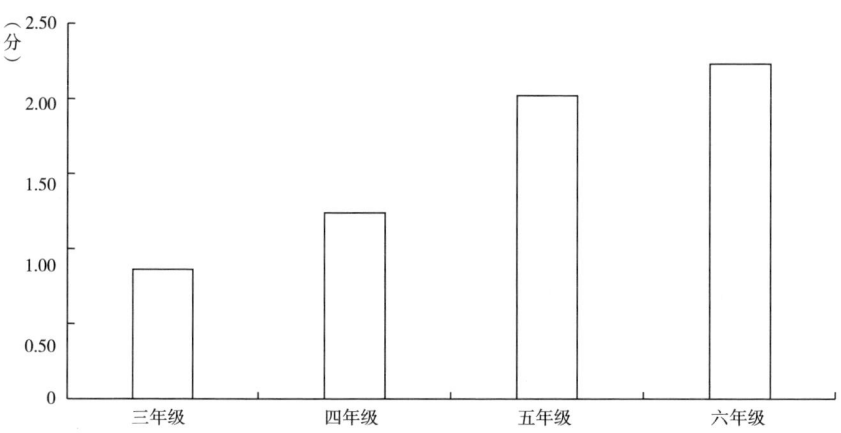

图 2 不同年级小学生的自杀意念平均分

水平显著高于居住在除地级市政府所在地以外的其他地区的小学生（见图3）。这一现象的原因可能在于，县/区政府所在地正处于经济生活快速转变时期，对小学生心理健康的关注不足。

表 2 居住地差异分析结果（$M\pm SD$）

变量	村	乡镇政府所在地	县/区政府所在地	地级市政府所在地	省会/直辖市	F
自杀意念	1.37±6.42	0.70±3.10	2.42±8.26	1.64±7.54	1.54±7.05	2.55*

注：* $p<0.05$，** $p<0.01$，*** $p<0.001$。

（三）自杀意念水平的影响因素

同伴关系得分与自杀意念呈显著负相关（$r=-0.21$，$p<0.01$），说明同伴关系越好，小学生的自杀意念水平越低。坚毅品质得分与自杀意念呈显著负相关（$r=-0.19$，$p<0.01$），说明小学生的坚毅品质水平越高，其自杀意念水平就越低。以自杀意念为因变量进行回归分析，第一层放入人口学变量（年级、性别），第二层放入环境因素（家庭居住地），第三层放入同伴关系，第四层放入坚毅品质，回归分析的结果见表3。

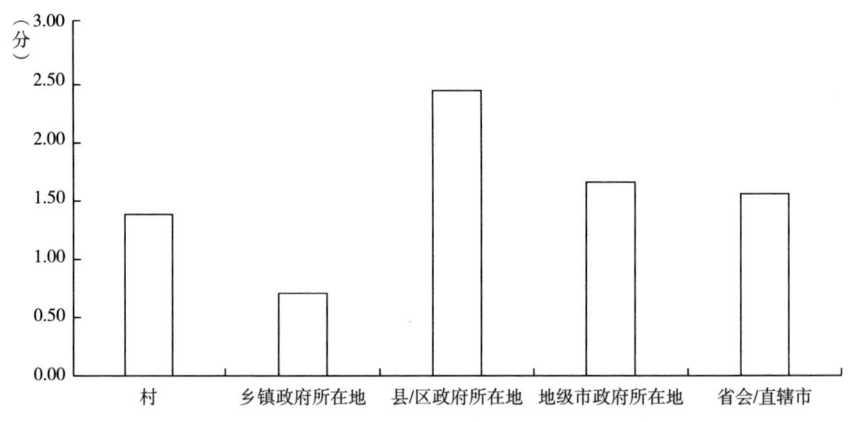

图 3　不同居住地小学生的自杀意念平均分

表 3　小学生自杀意念的回归分析结果

	B	t
模型 1		
性别	0.88	4.56***
年级	0.50	5.52***
模型 2		
性别	0.88	4.56***
年级	0.50	5.51***
家庭居住地	0.01	0.18
模型 3		
性别	0.78	4.13***
年级	0.51	5.71***
家庭居住地	0.12	1.80
同伴关系	-0.19	-15.29***
模型 4		
性别	0.84	4.47***
年级	0.46	5.22***

续表

	B	t
家庭居住地	0.13	2.00*
同伴关系	-0.15	-11.46***
坚毅品质	-0.16	-9.48***

注：* $p<0.05$，** $p<0.01$，*** $p<0.001$。

由表3可见，性别、年级、家庭居住地、同伴关系和坚毅品质是小学生自杀意念的影响因素，同伴关系和坚毅品质负向预测小学生的自杀意念，说明同伴关系越好、坚毅品质越高，自杀意念水平越低。

三 现状与建议

本次调查研究结果表明，郑州市三至六年级小学生自杀意念在不同性别、年级上有显著差异，同伴关系和坚毅品质负向预测小学生自杀意念，对小学生自杀意念具有缓冲作用。

（一）小学生自杀意念的性别和年级差异

研究结果表明，小学女生的自杀意念水平显著高于男生。这与以往相关研究结果一致（刘小群等，2013；Herba et al., 2008）。这一研究结果可能与男女生自尊水平差异有关。芬格尔德（Feingold）和艾伦（Alan, 1994）的元分析结果表明，男生自尊水平高于女生，自尊与生活事件和抑郁关系密切，是个体心理健康的一种重要保护性因素，就像意识的免疫系统一样为个体提供抵抗力和再生力，有利于个体缓解负性生活事件引发的抑郁、焦虑等导致自杀意念的情绪问题；另外，男女生面对消极生活事件的心理反应存在差异，女生受欺负产生的危害阈值较男生低，即使遭受轻微的欺负，也会带来较大的伤害（Klomek et al., 2007），进而引发更多的自杀意念情绪问题。

不同年级小学生的自杀意念水平存在显著差异，随年级的升高自杀意念水平呈现升高趋势。这与以往研究结果部分一致（彭小凡等，2021），这可能与年级升高小学生的学习压力升高有关。彭小凡等人的研究结果表明，学习压力正向预测个体自杀意念，学习压力在高年级表现突出。他们认为这与以下因素有关：现代化社会教育环境强化了教师和家长对教育的重视，过高的期望给学生带来沉重的心理负担，进而产生自杀意念或自杀行为来解脱当前困境。

（二）小学生自杀意念的居住地差异

研究结果表明，不同居住地小学生的自杀意念水平存在显著差异，居住在县/区政府所在地的小学生自杀意念水平显著高于居住在除地级市政府所在地以外的其他地区的小学生。这与以往研究结果存在部分差异。任梦飞等人（2019）的研究结果显示，在心理素质差的学生中，农村学生的自杀意念检出率高，并认为家庭因素是影响中学生自杀意念产生的主要因素，如家庭结构不完整、经济状况较差等均会对学生的心理健康产生不利影响，是引发自杀意念的危险因素。以往研究对居住地多以城镇和农村进行区分，本报告将小学生居住地细分为五种类型（村、乡镇政府所在地、县/区政府所在地、地级市政府所在地、省会/直辖市），并得出居住在县/区政府所在地附近的小学生自杀意念水平显著高于其他地区的结论。其原因可能是，县/区政府所在地、地级市政府所在地、省会/直辖市处于社会转型期，其流动人口增加（许晶晶等，2017），流动儿童跟随父母从经济发展相对落后的农村地区进入城区，其家庭环境、教育发展、人际关系等资源与城区儿童相比处于弱势，从而产生社会适应问题，进而致使产生自杀意念相关的负性情绪。因此，社会应进一步关注流动儿童的心理问题。

（三）小学生的坚毅品质和同伴关系对自杀意念的影响

研究结果表明，小学生的坚毅品质负向预测自杀意念，说明坚毅品质是缓解小学生自杀意念的重要因素。坚毅品质是个体一种重要的人格品质，个体的坚毅性越强，生活中的负性事件对其自杀意念的影响越小（Dan et al.,2015),坚毅品质揭示了个体能够克服困难直至目标达成的内涵,拥有坚毅品质的个体对目标持有更高的兴趣和追求,进而实现自我理想,坚毅品质显著负向预测了个体的自杀意念,能最大限度提高个体的生命意义感,降低负性情绪(Kleiman et al.,2013)。

回归分析结果表明,同伴关系显著负向预测儿童的自杀意念,说明同伴关系也是缓解小学生自杀意念的保护性因素。这与以往的研究结果一致,良好的同伴关系能够给个体带来更多的愉悦感和归属感,反之会使个体体验到更多失落感,从而产生负性情绪,如抑郁甚至自杀意念等(常向东等,2015;周宗奎等人,2006)。研究结果表明,社交自我知觉和友谊质量对孤独感具有负向预测作用,互选朋友数量对孤独感具有单向影响,说明同伴关系不良是引发个体负性情绪的重要原因,是个体产生自杀意念的危险因素之一。

(四)干预措施

一方面,面对儿童自杀问题,公众完全没有必要产生恐慌情绪。儿童的自杀死亡率整体上远低于成年人,而成年人的自杀死亡率低于交通事故死亡率。但另一方面,儿童自杀给家庭和社会带来的冲击巨大,家庭和学校要重视对自杀行为的预防。

首先,家长和学校应该增强科学素养,对自杀意念、自杀行为的心理调查持开放态度,而不是拒绝排斥的态度。低龄儿童的自杀行为具有突发性,相比青春期的孩子,其自杀前的异常信号更少。有些低龄儿童自杀后,即使他们的父母接受过成年人预防自杀教育,也找不出自家孩子在自杀前的异常表现。所以,要筛查出有自杀意念的儿童只能依赖问卷或自我报告的填写。虽然自杀类的问卷题目看起来负面和消极,但是,研究者鼓励在低龄儿童群体尤其是高风险群体中开展定期筛查(Tishler et al.,2007)。目前没有任何研究显示儿童填写问卷会给其带来风险,家长和学校可以放心使用。

其次,如果家长或学校发现孩子有自杀意念或有低致命性的自杀行为,就应该为孩子提供专业的心理服务。有些家长或学校认为通过自己的教育或批评就可以解决孩子的问题，这是一种错误认识。批评教育只会暂时压制问题而无法真正解决问题。如果没有获取专业心理服务的机会，家长和学校可以在积极反思的同时改变消极的养育行为或教育行为。

最后，家庭和学校要为儿童的健康成长提供良好的环境。对于家庭而言，父母应积极倾听和理解孩子的想法，教会孩子正确面对自己的错误行为，不让孩子因为自身错误而过度内疚，发现和肯定孩子的长处，鼓励孩子在遇到困难时敢于寻求帮助。学校应增强学生的归属感，设定学生可以达到的目标，增强他们的自我效能感。如果学校发生了学生意外死亡事件，应对学生做好必要的解释和教育工作，最重要的是完善和健全学校心理服务体系，并开展预防自杀的专项工作。

参考文献

常向东，袁大伟，徐燕，金霞芳，李岗，石军红，吴蕾，吴王辉，…马丹英．(2015)．初中生自杀意念与抑郁的干预．中国健康心理学杂志，23（1），132-136.

刘小群，卢大力，周丽华，苏林雁．(2013)．初中生欺负、受欺负行为与抑郁、自杀意念的关系．中国临床心理学杂志，21（1），85-87.

刘羽，杨洋，王晨旭，杨亚楠，贾绪计，白学军，林琳．(2020)．校园氛围和负性情绪对青少年自杀意念的影响：一项交叉滞后研究．心理与行为研究，18（6），784-790.

彭小凡，蔡婷婷，桂腾娅，付进进．(2021)．青少年心理素质在学习压力与自杀意念关系中的调节作用．中国心理卫生杂志，35（11），919-924.

任梦飞，李海燕，侯雅楠，王丹，陈芸，郑文贵．(2019)．基于分类树模型的潍坊市中学生自杀意念危险因素分析．现代预防医学，46（23），4332-4336.

周宗奎，朱婷婷，孙晓军，刘久军．(2006)．童年中期社交退缩类型与友谊和孤独感的关系研究．心理科学，29（3），536-540.

王娟，聂秀，杨黎，张仲华，周宗奎．(2006)．大学生同伴交往、一般自我效能感与心理健康的关系. 现代预防医学, 37（1）, 73-74.

许晶晶, 杨佳慧, 师保国. （2017）. 城乡生活环境变迁对流动儿童心理发展的影响. 社区心理学研究, 4（2）, 135-147.

颜志强, 李珊. （2021）. 共情和抑郁的关系: 同伴关系的调节作用. 心理与行为研究, 19（3）, 424-430.

Bonner, R. L., Rich, A. R. （2011）. Toward a predictive model of suicidal ideation and behavior: some preliminary data in college students. Suicide life-threatening behavior, 17（1）: 50-63.

Dan, V. B., Young, K. C., & Kleiman, E. M. （2015）. Stability amidst turmoil: grit buffers the effects of negative life events on suicidal ideation. Psychiatry research, 228（3）, 781-784.

De Ville, D. C., Whalen, D., Breslin, F. J., Morris, A. S., Khalsa, S. S., Paulus, M. P., & Barch, D. M. （2020）. Prevalence and family-related factors associated with suicidal ideation, suicide attempts, and self-injury in children aged 9 to 10 years. JAMA network open, 3（2）, e1920956-e1920956.

Curtin, S. C., & Heron, M. P. （2019）. Death rates due to suicide and homicide among persons aged 10-24: United States, 2000-2017. NCHS Data Brief, 352.

Feingold, & Alan. （1994）. Gender differences in personality: a meta-analysis. Psychological bulletin, 116（3）, 429-456.

Herba, C. M., Ferdinand, R. F., Stijnen, T., Veenstra, R., Oldehinkel, A. J., Ormel, J., & Verhulst, F. C. （2008）. Victimisation and suicide ideation in the TRAILS study: specific vulnerabilities of victims. Journal of child psychology and psychiatry, 49（8）, 867-876.

Herba, C., Ferdinand, R., van der Ende, J., & Verhulst, F. （2007）. Long-term associations of childhood suicide ideation. Journal of the American academy of child and adolescent psychiatry, 46（11）, 1473-1481.

Huber, R. S., Sheth, C., Renshaw, P. F., Yurgelun-Todd, D. A., & McGlade, E. C. （2020）. Suicide ideation and neurocognition among 9- and 10-year old children in the adolescent brain cognitive development（abcd）study. Archives of suicide research, 1-15.

Kleiman, E. M., Adams, L. M., Kashdan, T. B., & Riskind, J. H.. （2013）.

Gratitude and grit indirectly reduce risk of suicidal ideations by enhancing meaning in life: evidence for a mediated moderation model. Journal of research in personality, 47 (5), 539-546.

Klomek, A. B., Marrocco, F., Kleinman, M., et al. . (2007). Bullying, depression, and suicidality in adolescents. Journal of the American academy of child and adolescent psychiatry, 46 (1), 40-49.

Maddi, S. R., Erwin, L. M., Carmody, C. L., Villarreal, B. J., White, M., & Gundersen, K. K. (2013). Relationship of hardiness, grit and emotional intelligence to internet addiction, excessive consumer spending, and gambling. Journal of positive psychology, 8 (2), 128-134.

Nock, M. K., Borges, G., Bromet, E. J., et al.. (2008). Cross-national prevalenceand risk factors for suicidal ideation, plans and attempts. Br JPsychiatry, 192 (2), 98-105.

Tishler, C. L., Reiss, N. S., & Rhodes, A. R. (2007). Suicidal behavior in children younger than twelve: a diagnostic challenge for emergency department personnel. Academic emergency medicine, 14 (9), 810-818.

WHO. (2019). Suicide in the world. February 28, 2022, from https://apps.who.int/iris/bitstream/handle/10665/326948/WHO-MSD-MER-19.3-eng.pdf.

非自杀性自伤行为状况调查报告

摘　要：非自杀性自伤行为，是指个体在没有自杀意图的情况下，采取故意、直接伤害自己身体的一系列行为。为了解郑州市三至六年级小学生群体的非自杀性自伤行为现状，探索其影响因素，进而为防控工作和政策制定提供参考，研究团队采用PROMIS自评抑郁量表、PROMIS自评焦虑量表、非自杀性自伤行为量表和童年期创伤经历量表调查了郑州市5217名三至六年级小学生。结果发现，存在非自杀性自伤行为的小学生数量占总体的10.5%，并随年级的升高呈增长趋势；女生的发生率显著高于男生；父母婚姻状况对儿童非自杀性自伤行为影响显著；抑郁、焦虑情绪以及儿童期创伤经历对儿童非自杀性自伤行为影响显著。

关键词：非自杀性自伤行为；抑郁；焦虑；儿童期创伤

一　引言

非自杀性自伤（Non-Suicidal Self-Injury，NSSI）行为，是指个体在没有自杀意图的情况下，采取故意、直接伤害自己身体的一系列不被社会所接纳的行为。常见的非自杀性自伤行为包括划伤皮肤、割腕、撞头、咬伤、烫伤、掐、刺等等，个体都不以死亡为目的，而且是直接、故意损伤自己的身体组织，也不被社会和文化所认可。《精神障碍诊断与统计手册》第5版（DSM-V）已将非自杀性自伤行为作为一种独立的临床障碍。

国外流行病学的研究结果表明，不同国家的非自杀性自伤行为检出率有差异。各个国家非自杀性自伤行为的发生率并不相同，如美国的发生率为7.3%、以色列为9.1%、澳大利亚为6.2%、苏格兰为13.8%，加拿大的年检出率为17%、意大利的检出率为24%、德国的检出率为25.6%（Plener et al.，2009）。2021年发表的一篇综述文章指出，全球发展中国家非自杀性自伤行为的发生率在11.5%~33.8%（Thippaiah et al.，2021）。国内学者开展的元分析研究表明，国内中学生（13~18岁）非自杀性自伤行为的发生率为27.4%（韩阿珠等，2017）。不同研究和不同国家的非自杀性自伤行为发生率差异较大，这可能和测量工具不同、被试群体不同以及研究设计不同有关。但从全球范围看，无论是发达国家还是发展中国家，非自杀性自伤行为的发生率都存在升高趋势。

一般认为，非自杀性自伤行为多始于12~14岁，所以，绝大多数研究探讨的是12岁以上被试的非自杀性自伤行为。但是，非自杀性自伤行为同样也发生于12岁以下儿童。美国的一项研究曾探讨了6~17岁被试的非自杀性自伤行为，发现有6岁儿童报告有该行为（Barrocas et al.，2012）。但是，该研究总共只有600多名被试，作者并没有单独测评6~12岁儿童非自杀性自伤行为的发生率。2020年，澳大利亚学者的一项研究发现，非自杀性自伤行为在1000多名11~12岁儿童中发生率为2.5%，其中女生为3%，男生为2%（Borschmann et al.，2020）。国内一项以初中生为研究对象的研究发现，上海市三所初中的学生首次出现非自杀性自伤行为的平均起始年龄为9.7岁，最低为3岁（Zhang et al.，2019）。这些研究表明，非自杀性自伤行为在小学生群体中发生频率并不低。

极端的自伤行为可能会导致死亡、身体残障等严重后果。非自杀性自伤行为在青少年中多发是自杀外的独立危险因素，严重影响青少年的身心健康。有研究者认为，非自杀性自伤行为的出发点不是自杀，其动机有管理调节情绪、追求刺激、自我惩罚和影响人际关系，但导致的自杀风险要远高于普通人群，青少年非自杀性自伤行为是自杀行为发生的最强预测因子之一（李伟等，2016）。非自杀性自伤行为与自杀行为常常重叠，发生非自杀性自伤行为者在之后1年中的自杀率是普通人群的100倍，并在此后多年仍有很高的自杀率，超过5%的患者在9年内最终实施了自杀（Harrison et al.，2017）。

近年来，研究者们还探索了影响学生非自杀性自伤行为的因素。有研究表明，父母二次婚姻是影响初中生发生非自杀性自伤行为的危险因素之一，这表明父母婚姻状况不良或家庭关系不和谐容易使儿童出现烦闷、不自信、焦躁等情绪，从而引发非自杀性自伤行为（胡旺等，2019）；是否和父母同住对非自杀性自伤行为也有显著的预测作用（郑莺，2006）。家庭是学生的重要生活环境，家庭氛围以及父母关系等变量对学生的非自杀性自伤行为有重要影响（Greydanus et al.，2009）。此外，有研究表明，学生的内化问题，如抑郁和焦虑也是非自杀性自伤行为的危险因素（Taliaferro et al.，2015）。

考虑到目前缺少郑州市小学生非自杀性自伤行为的相关数据和研究结果，本报告旨在了解郑州市小学生非自杀性自伤行为现状及影响因素，为本市预防小学生非自杀性自伤行为的发生提供参考和支持，同时也为郑州市小学生非自杀性自伤行为区域性常模的建立提供数据支持。

二　调查结果

（一）基本情况

根据非自杀性自伤行为问卷量表得分，若分数为0，则不存在非自杀性自伤行为；分数大于0，则视为存在非自杀性自伤行为，得分越高说明非自杀性自伤行为倾向越严重。本次调查发现，存在非自杀性自伤行为的学生共有549名，占总人数的10.5%（见表1、表2、图1）。

表1 三至六年级小学生基本信息及非自杀性自伤行为基本情况

基本情况		总人数（人）	百分比（%）	非自杀性自伤行为人数（人）	发生率（%）
性别					
	男	2782	53.3	248	8.91
	女	2435	46.7	301	12.36
年龄					
	8	311	6.0	21	6.75
	9	1125	21.6	71	6.31
	10	1401	26.8	116	8.28
	11	1224	23.5	167	13.64
	12	1067	20.5	158	14.81
	13	85	1.6	15	17.65
	14	1	0	1	100
年级					
	三年级	1242	23.8	66	5.31
	四年级	1428	27.4	120	8.40
	五年级	1452	27.8	169	11.64
	六年级	1092	20.9	194	17.77
家庭居住地					
	村	742	14.2	72	9.70
	乡镇政府所在地	171	3.3	14	8.19
	县/区政府所在地	468	9.0	79	16.88
	地级政府所在地	268	5.1	25	9.33
	省会/直辖市	3568	68.4	359	10.06
父母婚姻状态					

续表

基本情况		总人数（人）	百分比（%）	非自杀性自伤行为人数（人）	发生率（%）
	父母离异	192	3.7	28	14.58
	父母有一方去世	28	0.5	4	14.29
	父母婚姻和睦	4920	94.3	496	10.08
	父母婚姻冲突	76	1.5	20	26.32
过去五年家庭收入与支出比					
	0.5以下	550	10.5	70	12.73
	0.5~1	928	17.8	83	8.94
	1~2	1158	22.2	120	10.36
	2~5	663	12.7	69	10.41
	5以上	254	4.9	22	8.66
	不清楚	1664	31.9	185	11.12
总计		5217		549	10.52

表2 三至六年级小学生非自杀性自伤行为得分及占比情况

非自杀性自伤行为得分（分）	N	百分比（%）
0	4668	89.5
1	304	5.8
2	126	2.4
3	52	1.0
4	39	0.7
5	14	0.3
6	14	0.3

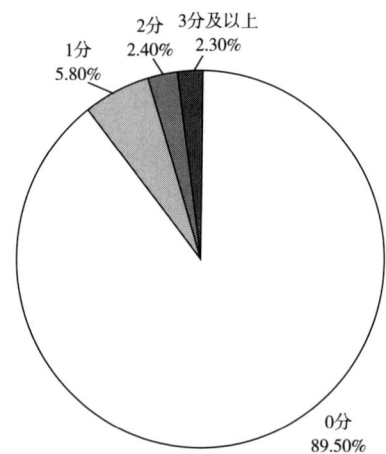

图1 三至六年级小学生非自杀性自伤行为得分及占比情况

（二）非自杀性自伤行为的人口学变量差异

1. 性别差异

本次调查发现，男生和女生的非自杀性自伤行为发生率分别为8.91%（248人）和12.36%（301人）。独立样本 t 检验发现，男女生的非自杀性自伤行为差异显著（$p<0.05$），与男生相比，女生出现非自杀性自伤行为的比例更高（见表3、图2）。

表3 三至六年级小学生非自杀性自伤行为的性别差异（$M\pm SD$）

	性别（$M\pm SD$）		t	p
	男（$N=2780$）	女（$N=2434$）		
非自杀性自伤行为	0.16±0.61	0.24±0.78	−4.415	<0.05

2. 年级差异

单因素方差分析结果显示，不同年级小学生非自杀性自伤行为存在显著差异，自伤行为随年级升高而增多（$p<0.05$）。事后多重比较发现，三年

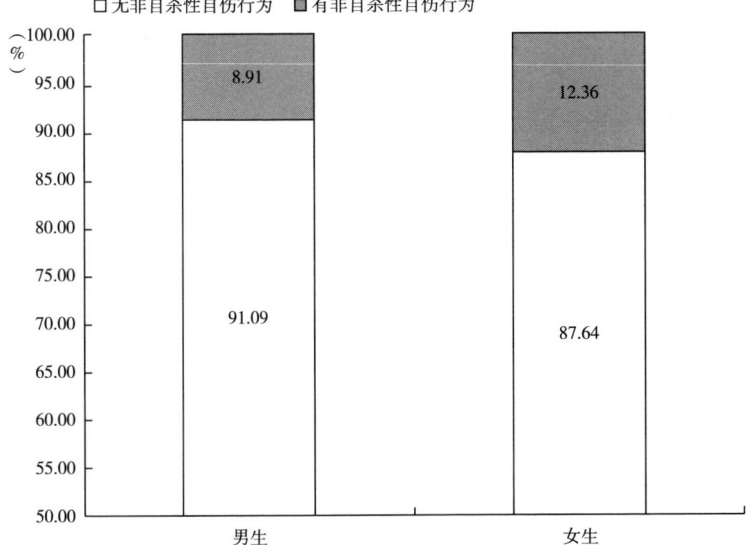

图 2 三至六年级小学生非自杀性自伤行为的性别差异

级（0.08±0.41）、四年级（0.15±0.65）、五年级（0.22±0.73）和六年级（0.35±0.92）四个年级两两之间差异均显著（$p<0.05$）。年级越高，非自杀性自伤行为次数越多，得分越高（见图3）。

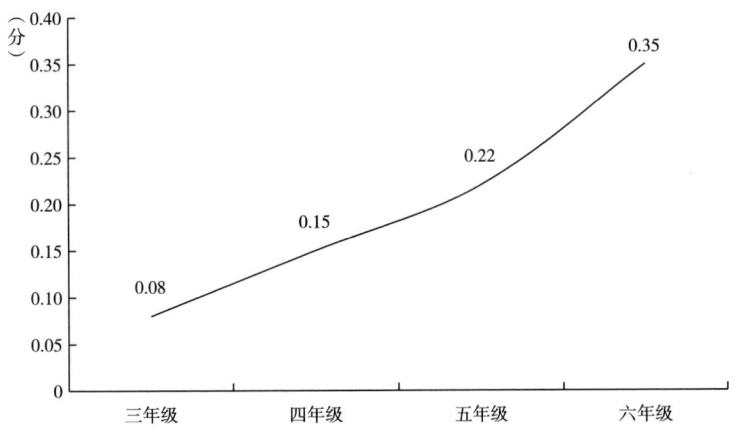

图 3 三至六年级小学生非自杀性自伤行为得分情况

（三）非自杀性自伤行为的环境变量差异

1. 家庭居住地

方差分析结果显示，不同家庭居住地小学生的非自杀性自伤行为得分有显著差异（$F=6.166$，$p<0.05$），家庭居住地为县/区政府所在地的三至六年级小学生非自杀性自伤行为得分最高（0.34±0.92），其后依次是地级市政府所在地（0.21±0.77）、省会/直辖市（0.18±0.67）、村（0.18±0.66）和乡镇政府所在地（0.12±0.56），其中省会/直辖市和村相近，而居住地为乡镇政府所在地的三至六年级小学生的非自杀性自伤行为得分最低（见图4）。事后多重比较发现，县/区政府所在地与其他四个地区均存在显著差异（$p<0.05$），在统计学意义上均高于其他四个地区。

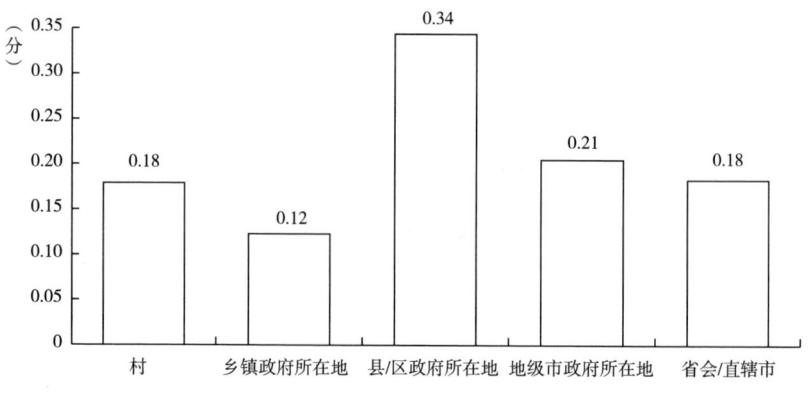

图4 不同居住地小学生非自杀性自伤行为得分情况

2. 父母婚姻状况

方差分析结果显示，不同父母婚姻状况的小学生非自杀性自伤行为得分存在显著差异（$F=6.527$，$p<0.05$），父母婚姻和睦的小学生，非自杀性自伤行为得分最低（0.18±0.69），其后依次是父母离异（0.23±0.67）、父母一方去世（0.28±0.8）、父母婚姻冲突（0.58±1.25），父母双方都去世的仅一名被试，且存在非自杀性自伤行为。父母的婚姻状况越差，非自杀

性自伤行为得分越高；父母关系越和睦，非自杀性自伤行为得分越低（见图5）。事后多重比较发现，父母婚姻冲突与父母离异、父母婚姻和睦差异显著（$p<0.05$），与父母一方去世边缘显著（$p=0.058$），即父母婚姻冲突的小学生非自杀性自伤行为情况最为严重。

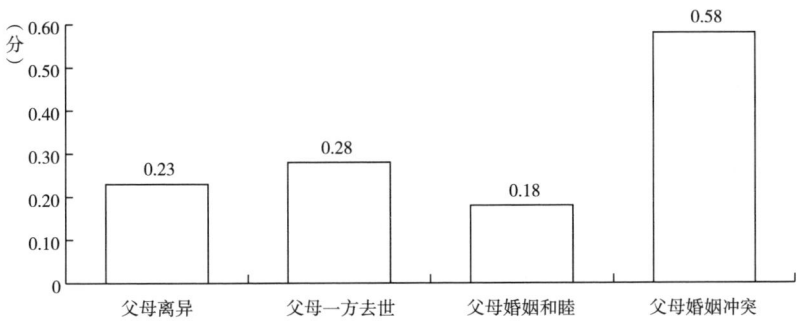

图5 不同父母婚姻状况的小学生非自杀性自伤行为得分情况

（四）非自杀性自伤行为的影响因素

相关分析显示，小学生抑郁、焦虑得分均与非自杀性自伤行为得分呈显著正相关（$r=0.41$，$p<0.01$；$r=0.08$，$p<0.01$），说明抑郁、焦虑等内化问题越严重的儿童非自杀性自伤行为越多；儿童期创伤经历总分与非自杀性自伤行为得分呈显著正相关（$r=0.24$，$p<0.01$），说明创伤经历越多的儿童，非自杀性自伤行为越多。

为进一步明确上述因素对小学生非自杀性自伤行为的影响，将非自杀性自伤行为得分作为因变量进行回归分析，第一层放入被试的人口学变量性别、年级，第二层放入家庭居住地、父母婚姻状况，第三层放入学生抑郁自评得分、学生焦虑自评得分，第四层放入儿童期创伤经历总分，回归分析结果见表4。

表4　三至六年级小学生非自杀性自伤行为的线性回归分析结果

	R^2	F	β	t	p
模型1	0.022	57.85			
性别			0.063	4.576	0.000
年级			0.134	9.756	0.000
模型2	0.022	29.15			
性别			0.063	4.582	0.000
年级			0.134	9.768	0.000
家庭居住地			−0.013	−0.968	0.333
父母婚姻状况			0.000	−0.200	0.984
模型3	0.148	151.38			
性别			0.060	4.71	0.000
年级			0.122	9.47	0.000
家庭居住地			−0.011	−0.87	0.386
父母婚姻状况			0.012	0.93	0.352
学生抑郁自评得分			0.297	14.49	0.000
学生焦虑自评得分			0.072	3.49	0.000
模型4	0.202	188.49			
性别			0.063	5.13	0.000
年级			0.112	9.00	0.000
家庭居住地			0.009	0.71	0.480
父母婚姻状况			0.010	0.84	0.400
学生抑郁自评得分			0.198	9.60	0.000
学生焦虑自评得分			0.066	3.33	0.001
儿童期创伤经历总分			0.255	18.72	0.000

表4中模型4的R^2为0.202，说明该模型能够部分预测三至六年级小学生的非自杀性自伤行为。学生的性别、年级、抑郁状况、焦虑状况以及儿童期创伤经历都能对学生的非自杀性自伤行为进行正向预测，其中儿童期创伤经历的影响最大（$\beta=0.255$）。小学生在儿童期经历的创伤体验越多，

之后发生自杀性自伤行为的可能性越大；小学生面临的情绪问题越多，发生非自杀性自伤行为的可能性越大；女生的非自杀性自伤行为更多，年级越高，非自杀性自伤行为越多。

三 现状与建议

（一）小学生非自杀性自伤行为现状

本次调查发现，郑州市三至六年级小学生非自杀性自伤行为总体检出率为10.5%，低于国外多项研究报告的14%~47%（Plener et al., 2009）及以DSM-5诊断标准检出的非自杀性自伤行为患病率（Swannel et al., 2014），也低于韩阿珠等人（2017）对我国学生非自杀性自伤行为流行率的元分析结果（27.4%）。这说明小学生非自杀性自伤行为的发生率相对低于中学生。

从性别看，本次调查显示，女生比男生更易出现非自杀性自伤行为。过往关于非自杀性自伤行为性别差异的研究结果差异较大，这可能与研究对象的选择、文化背景及非自杀性自伤行为的测量方式不同有关（Han et al., 2018）。

本次调查显示，三至六年级小学生的非自杀性自伤行为随年级的升高而增加，六年级的发生率最高，达到17.77%。曾有研究表明，非自杀性自伤行为发生的高风险期在青春期。非自杀性自伤行为常见于青春早期，平均年龄在13岁左右。有研究者认为，非自杀性自伤行为在青春中期达到峰值，之后随着年龄的增长检出率逐渐降低，这可能与青少年青春期剧烈的身心发育变化和沉重的学习负担有关（胡燕等，2020）。为更好地了解郑州市小学生非自杀性自伤行为发展状况，建议将非自杀性自伤行为测量纳入郑州市小学生心理危机监测预警系统，扩大数据采样范围，进行年度施测，并将测量数据进行纵向比较。

（二）父母婚姻状况对小学生非自杀性自伤行为影响显著

本次调查结果显示，父母婚姻状况对小学生非自杀性自伤行为影响显著，与赵天新等人2021年的研究结果一致，父母关系质量不同的儿童非自杀性自伤行为报告率差异显著，关系冲突组最高，关系和睦组最低。有研究者认为，家庭成员之间的亲密度是非自杀性自伤的一个保护因素，家庭成员亲密度的增加能够降低儿童非自杀性自伤行为的发生率（赵天新等，2021）。而父母婚姻冲突的家庭长期存在争吵、暴力等行为，成员亲密度较低，导致在此环境中成长的儿童出现非自杀性自伤行为的可能性增加。

家庭是影响儿童身心发展的重要微观系统。克拉斯等人（Claes et al.，2015）的研究发现，父母支持能减少童年期创伤与非自杀性自伤行为发生。这说明，良好的家庭支持能够帮助儿童克服成长过程中的不良因素。而在婚姻冲突的家庭中，父母往往难以给予儿童足够的关注与支持，导致儿童难以获得来自家庭的帮助，甚至将不良行为作为获得父母关注的途径。因此，父母应尽可能营造和谐的家庭氛围、改善亲子关系，关注儿童的心理需要，让儿童体验到家庭的温暖和关怀。

（三）抑郁和焦虑对小学生非自杀性自伤行为影响显著

本报告发现，小学生的抑郁和焦虑情绪能对非自杀性自伤行为进行正向预测，抑郁和焦虑情绪高的学生出现非自杀性自伤行为的可能性更大。这与过往多项研究结果一致。唐记华等人（2005）发现，青少年重度抑郁发作患者的非自杀性自伤行为发生率较高，抑郁障碍青少年发生非自杀性自伤行为的比例高达44%。可见，抑郁和焦虑是儿童非自杀性自伤行为的危险因素，当这些负面情绪得不到及时关注和调节时，他们可能会将非自杀性自伤行为作为一种直接的宣泄途径。为减少非自杀性自伤行为的发生，要重视对焦虑、抑郁儿童的适当干预。

（四）童年期创伤经历对小学生非自杀性自伤行为影响显著

本报告分析了童年期创伤经历与非自杀性自伤行为之间的关联，结果发现，童年期创伤经历会提高小学生非自杀性自伤行为的发生率，随着虐待类型的增加，非自杀性自伤行为发生率也会增加，与前人多项研究结果一致。自伤的动机—意志整合模型（Integrated Motivational-Volitional，IMV）指出，早期阶段的负性生活事件等不良环境因素是导致个体形成自伤动机并发展成自伤意念的潜在因素（马双双，2018）。根据心理发展的病理模型，个体在积极适应过程中应发展出动机、态度、工具、情绪、人际五种能力，而童年期创伤经历会阻碍个体这些能力的发展。由于个体在发展的关键时期没有获得必要的适应能力和资源，只能借助其他方式（如自伤）来应对发展中的问题，即自伤是一种成长过程中形成的补偿性管理策略（林丽华等，2020）。因此，儿童期创伤经历严重影响小学生的身心健康，预防儿童期创伤是减少儿童非自杀性自伤行为发生的有效途径。

家长和老师要采取相应的预防和保护措施，在日常生活中引导学生远离潜在的创伤环境，加强家校合作，对父母开展培训，减少生活中的危险因素，加强儿童防范意识，避免校园暴力。此外，在社会层面加大保护儿童的宣传力度，形成适合儿童成长发展的社会氛围，建立健全社会性的儿童心理危机监测预警系统。

参考文献

韩阿珠，徐耿，苏普玉．（2017）．中国大陆中学生非自杀性自伤流行特征的Meta分析．中国学校卫生，38（11），1665-1670. doi：10.16835/j.cnki.1000-9817.2017.11.019.

胡燕，徐慧琼，万宇辉，苏普玉，范引光，叶冬青．（2020）．安徽省中学生非自杀性自伤行为现状及其影响因素．中华疾病控制杂志，24（8），6.

胡旺，殷映群，邹仪瑄，杨丽霞，傅树坚，章利明……黄鹏．（2019）．江西省初中生与高中生非自杀性自伤行为特征及影响因素比较．现代预防医学（2），305-309.

李伟，李坤，任育红，牟德军．（2016）．认知情绪调节策略与自伤行为：体验回避的中介作用．中国健康心理学杂志（10），1549-1552. doi：10.13342/j.cnki.cjhp.2016.

林丽华，甘明星，郭治斌，张本钰，江琴．（2020）．心理虐待与忽视对青少年非自杀性自伤行为的影响：有调节的中介效应．中国临床心理学杂志，28（6），4.

马双双．（2018）．童年期虐待与中学生自伤行为的关联研究：心理病理症状、应对方式及冲动控制的中介作用．安徽医科大学．

唐记华，王高华，王晓萍，白雪光，翁深宏，刘忠纯．（2005）．抑郁障碍青少年自伤行为、自杀观念相关因素剖析．中国心理卫生杂志，19（8），3.

郑莺．（2006）．武汉市中学生自我伤害行为流行学调查及其功能模型．华中师范大学硕士学位论文．https：//kns.cnki.net/KCMS/detail/detail.aspx?dbname=CMFD0506&filename=2006078205.nh.

赵天新，钟意娟，魏莹娟，苏艳丽，党云皓，吴限亮．（2021）．非自杀性自伤青少年的情绪调节策略和家庭功能研究．中国儿童保健杂志，29（9），946-950.

Barrocas, A. L., Hankin, B. L., Young, J. F., & Abela, J. R. Z.．（2012）．Rates of nonsuicidal self-injury in youth：age, sex, and behavioral methods in a community sample. Pediatrics, 130（1），39-45.

Borschmann, R., Mundy, L. K., Canterford, L., Moreno-Betancur, M., & Patton, G. C.．（2020）．Self-harm in primary school-aged children：prospective cohort study. PLoS one, 15（11），e0242802.

Claes, L., Luyckx, K., Baetens, I., Ven, M. V. D., & Witteman, C..（2015）．Bullying and victimization, depressive mood, and non-suicidal self-injury in adolescents：the moderating role of parental support. Journal of child & family studies, 24（11），3363-3371.

Greydanus, D. E., & Daniel, S..（2009）．Deliberate self-harm and suicide in adolescents. The keio journal of medicine, 58（3），144.

Harrison, P., Cowen, P., Burns, T., & Fazel, M.．（2017）．Shorter Oxford textbook of psychiatry. 620-626.

Han, A., Wang, G., Xu, G., & Su, P..（2018）．A self-harm series and its relationship with childhood adversity among adolescents in mainland china：a cross-sectional study. BMC psychiatry, 18（1），28.

Plener, P. L., Libal, G., Keller, F., Fegert, J. M., & Muehlenkamp, J. J.．

(2009). An international comparison of adolescent non-suicidal self-injury (nssi) and suicide attempts: germany and the usa. Psychological medicine, 39 (9), 1549-1558.

Swannell, S. V., Martin, G. E., Page, A., Hasking, P., & John, N. J. S.. (2014). Prevalence of nonsuicidal self-injury in nonclinical samples: systematic review, meta-analysis and meta-regression. Suicide and life-threatening behavior, 44 (3).

Taliaferro, L. A., & Muehlenkamp, J. J.. (2015). Risk factors associated with self-injurious behavior among a national sample of undergraduate college students. Journal of American college health.

Thippaiah, S. M., Nanjappa, M. S., Gude, J. G., Voyiaziakis, E., & Pandurangi. (2021). Non-suicidal self-injury in developing countries: a review. International journal of social psychiatry, 67 (4), 1932890394. doi: 10. 1177/0020764020943627.

Zhang, F., Cloutier, P. F., Yang, H., Liu, W., Cheng, W., & Xiao, Z.. (2019). Non-suicidal self-injury in shanghai inner bound middle school students. Nephron clinical practice, 32 (4), 206-213. 10. 030.

校园欺凌状况调查报告

摘　要：校园欺凌是一种特殊类型的攻击性行为，具有长期反复性、对象固定性和双方权利地位不平等的特征，对儿童身心健康有多方面的消极影响和危害。为了解目前郑州市三至六年级小学生校园欺凌状况，本报告采用同伴侵害量表、小学生抑郁自评量表、同伴关系量表调查了5217名三至六年级小学生。研究结果显示，郑州市三至六年级小学生中欺凌的总体发生率为41.3%，其中关系侵害的发生率最高，身体侵害的发生率最低。小学生校园欺凌存在显著的群体差异，男生中欺凌的发生率为46.4%，女生中发生率为35.4%；校园欺凌总体上随着年级的升高而逐渐增加，尤其是高年级的名誉侵害显著高于低年级；父母婚姻关系和睦是小学生避免侵害行为的保护性因素；学生的抑郁情绪对受侵害有显著正向预测作用，同伴关系则有显著的负向预测作用。小学生校园欺凌现象的预防和干预离不开家校合作，需要学校和家长共同关注，形成积极温暖的家庭和学校氛围。

关键词：校园欺凌；父母婚姻关系；抑郁；同伴关系

一　引言

校园欺凌（school bullying）指在幼儿园、中小学及其合理辐射区域内发生的教师或者学生针对学生的持续性心理性或者物理性攻击行为，这些行为会使受害者感受到精神上的痛苦（任海涛，2017）。校园欺凌有多种类型，如身体或者言语方面的攻击以及人际交往中的排挤等，一般具有长期反复性和对象固定性且双方权利地位不平等等特征。

校园欺凌是世界各国普遍存在的现象。一项涉及40个国家的研究表明，与女生相比，男生受到欺凌的比例更高，男生的比例为8.6%~45.2%，女生的比例为4.8%~35.8%（Craig et al., 2009）。小柳等人（Koyanagi et al., 2019）调查了48个低收入和中等收入国家12~15岁青少年的受欺凌情况，发现欺凌受害的比例为30.4%。我国学者乔毅娟等人（2009）采用随机抽样方法调查了18个省、自治区和直辖市177578名中学生欺凌行为状况，结果表明中学生中普遍存在欺凌行为，其中66.1%的男生和48.8%的女生遭受1种以上的欺凌，8.1%的男生和2.9%的女生同时遭受4种以上的欺凌，并且男生遭受各类欺凌行为的报告率高于女生，同国外研究者的结果一致（Craig et al., 2009）。史慧静等（2015）通过匿名问卷调查了上海市2所高校1911名大学生在不同学段受人欺凌和欺凌他人的行为经历，结果表明，42.8%的大学生曾经卷入过校园欺凌，其中17.3%的人仅受过欺凌，4.7%的人仅欺凌过别人，20.8%的人既受过欺凌又欺凌过他人。

欺凌事件发生后，受欺凌者和欺凌他人者的心理健康发展都会受到深远持久的危害。受欺凌者往往出现抑郁、焦虑、失眠等身心失调症状（Hemphill et al., 2011；史高岩等，2011），受欺凌经历也是青少年自杀的一个危险因素（Koyanagi et al., 2019）；欺凌者同样容易出现心理健康问题和社会适应问题，且有研究表明，童年期有欺凌行为是青少年反社会行为、犯罪行为的预测因素（Renda, Vassallo, & Edwards, 2011；Ttofi et al., 2011）。我国学者史慧静等人（2015）的研究结果表明，与未卷入校园欺凌者相比，曾经遭受欺凌的大学生心理健康状况不良的危险性增加了49.1%，欺凌他人的大学生心理健康状况不良的危险性增加了138.1%，既受欺凌又欺凌他人的大学生心理健康状况不良的危险性增加了123.8%；小学阶段、初中阶段和高中阶段三个阶段中，3个阶段都卷入校园欺凌者，心理健康状况不良的危险性分别增加

10.1%、124.9%、191.8%，说明卷入时间越长，对学生今后的心理健康状况影响越大。因此，小学生的校园欺凌问题需要及时被发现并及时干预。

关于影响欺凌发生的因素，个体的内化问题引起了研究者们的关注。一项对青少年的纵向追踪研究发现，学生的抑郁症状可以显著预测两年后的身体侵害、关系侵害，主要是个体的抑郁情绪可能会影响其发展合适的社交技能，从而影响其社交关系（Morabito，Burani，& Hajcak，2021）。此外，良好的家庭氛围和积极的同伴互动、同伴关系是避免学生成为被欺凌者的重要保护因素（Zych et al.，2019）。

为了解郑州市小学生的校园欺凌情况，本报告收集了三至六年级学生的受欺凌情况以及人口学、父母婚姻状况、学生自身的抑郁情绪和同伴关系等数据，通过探讨其影响因素，为进一步开展校园欺凌预防和干预工作提供依据和建议。

二　调查结果

（一）同伴侵害类型和总体侵害的发生率

量表题目得分高于 1 分，代表遭遇过侵害。通过统计不同侵害类型和总体侵害题目平均分高于 1 分的人数，再计算占总人数的比例，得到不同侵害类型和总体侵害在三到六年级小学生中的发生率，结果见表 1。总体侵害发生率为 41.3%，三种侵害类型的发生率最高的是关系侵害，其次是名誉侵害，最低的是身体侵害。

随后，研究团队计算了不同性别和不同年级中侵害的发生率。男生遭受不同类型侵害的比例均高于女生，高年级学生遭受不同类型侵害的比例高于低年级（见表 2）。

表1 同伴侵害类型和总体侵害的发生率

单位：人，%

侵害类型	遭受侵害人数（n）	总人数（N）	侵害发生率
身体侵害	755	5217	14.5
关系侵害	1803	5217	34.6
名誉侵害	1095	5217	21.0
总体侵害	2153	5217	41.3

表2 同伴侵害类型和总体侵害的性别和年级发生率

单位：%

侵害类型	性别		年级			
	男	女	三年级	四年级	五年级	六年级
身体侵害	18.5	9.8	14.6	13.9	14.7	14.8
关系侵害	39.4	29.0	30.0	34.3	36.5	37.5
名誉侵害	23.5	18.1	15.8	17.7	21.9	30.0
总体侵害	46.4	35.4	36.1	39.8	43.6	46.0

（二）同伴侵害的人口学变量差异

1. 性别差异

独立样本 t 检验显示，男生身体侵害、关系侵害和名誉侵害得分均显著高于女生（$p<0.001$），男女生的接受亲社会行为差异不显著（$p>0.05$）（见表3）。该结果表明，男生比女生受到更多的侵害，但接受亲社会行为没有显著差异。

表3 三至六年级小学生同伴侵害子维度的性别差异（$M\pm SD$）

	性别	$M\pm SD$	t
身体侵害	男	3.46±1.34	8.17***
	女	3.20±0.86	

续表

	性别	$M\pm SD$	t
关系侵害	男	3.93±1.59	6.26***
	女	3.67±1.46	
名誉侵害	男	3.60±1.48	3.17***
	女	3.48±1.37	
接受亲社会行为	男	10.75±5.17	6.15
	女	9.86±5.22	

注：*p<0.05，**p<0.01，***p<0.001。

2. 年级差异

单因素方差分析显示，身体侵害的年级主效应不显著（p>0.05）；关系侵害的年级主效应显著（p<0.001），事后多重比较发现，三年级的关系侵害得分显著低于其他年级（p<0.05）；名誉侵害的年级主效应显著（p<0.001），事后多重比较发现，五年级的名誉侵害得分显著高于三、四年级，而六年级得分显著高于其他各年级；接受亲社会行为的年级主效应显著（p<0.001），事后多重比较发现，三年级的接受亲社会行为得分显著低于其他年级，而六年级的接受亲社会行为得分显著高于其他年级；量表总分的年级主效应显著（p<0.001），事后多重比较发现，三年级学生的侵害总分显著低于五、六年级，六年级学生的侵害总分显著高于三、四、五年级学生（见表4）。

表4　同伴侵害量表得分的年级差异（$M\pm SD$）

	年级	N	$M\pm SD$	F
身体侵害	小学三年级	1242	3.341±1.112	0.292
	小学四年级	1428	3.370±1.350	
	小学五年级	1452	3.331±1.023	
	小学六年级	1092	3.349±1.092	

续表

	年级	N	$M\pm SD$	F
关系侵害	小学三年级	1242	3.678±1.4123	5.206***
	小学四年级	1428	3.805±1.5303	
	小学五年级	1452	3.875±1.5572	
	小学六年级	1092	3.901±1.6464	
名誉侵害	小学三年级	1242	3.390±1.2188	21.116***
	小学四年级	1428	3.442±1.2866	
	小学五年级	1452	3.582±1.4918	
	小学六年级	1092	3.818±1.6913	
接受亲社会行为	小学三年级	1242	9.254±4.6181	37.954***
	小学四年级	1428	10.275±5.1169	
	小学五年级	1452	10.454±5.2621	
	小学六年级	1092	11.531±5.6711	
总分	小学三年级	1242	10.409±3.30704	7.465***
	小学四年级	1428	10.617±3.4834	
	小学五年级	1452	10.788±3.4229	
	小学六年级	1092	11.068±3.7972	

注：*$p<0.05$，**$p<0.01$，***$p<0.001$。

同伴侵害量表的不同维度得分随年级变化的趋势见图1。从图中可以看出，名誉侵害和关系侵害随着年级的升高而增长，接受亲社会行为随着年级升高明显增长，但是身体侵害基本处于平稳状态。

（三）同伴侵害的环境变量差异

以学生父母婚姻状况作为家庭变量的代表，由于父母双方去世的只有一个被试，删除了该选项。首先分别对不同父母婚姻状况的学生身体侵害、关系侵害、名誉侵害、接受亲社会行为以及三种侵害总分作单因素方差分析，结果显示身体侵害、关系侵害、名誉侵害以及三种侵害总分的

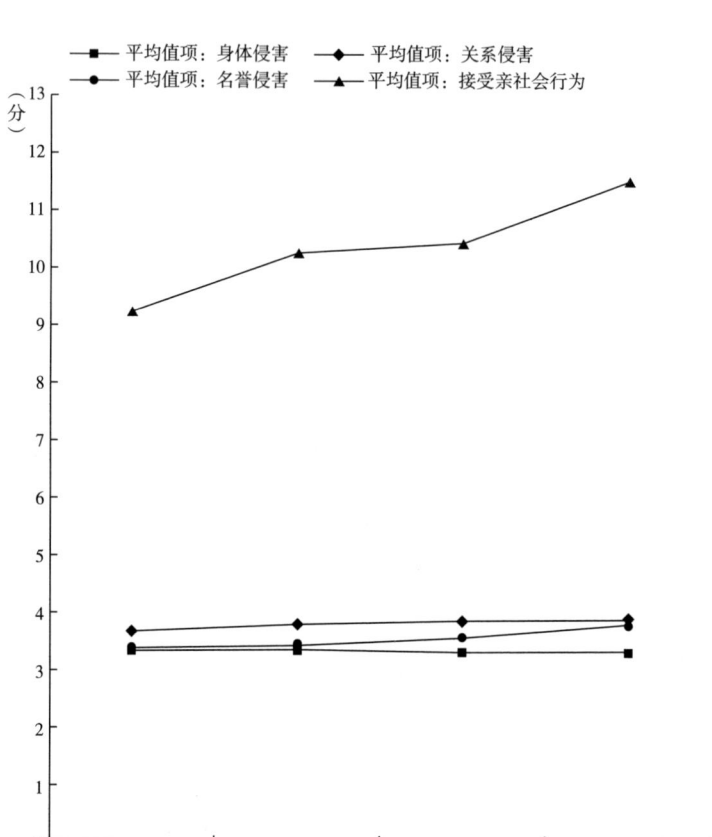

图1 同伴侵害量表四个维度得分的年级变化趋势

婚姻状况主效应显著（$p<0.001$），但接受亲社会行为的婚姻状态主效应不显著（$p>0.05$）。事后多重分析结果见表5，对于三种侵害总分，父母婚姻冲突的学生得分显著高于父母离异和父母婚姻和睦，且父母离异的学生得分显著高于父母婚姻和睦；对于名誉侵害，父母一方去世的学生得分显著高于父母婚姻和睦。总体来看，父母婚姻冲突的学生得分最高，父母婚姻和睦的学生得分最低，而接受亲社会行为得分的不同父母婚姻状况差异不显著（见图2）。

表5　小学生父母不同婚姻状况侵害量表得分的事后多重分析结果

因变量	p 值	事后多重比较结果
身体侵害	<0.05	父母离异>父母婚姻和睦
	<0.05	父母婚姻冲突>父母离异
	<0.001	父母婚姻冲突>父母婚姻和睦
关系侵害	<0.01	父母离异>父母婚姻和睦
	<0.001	父母婚姻冲突>父母婚姻和睦
名誉侵害	<0.001	父母离异>父母婚姻和睦
	<0.05	父母一方去世>父母婚姻和睦
	<0.001	父母婚姻冲突>父母婚姻和睦
三种侵害总分	<0.001	父母离异>父母婚姻和睦
	<0.05	父母婚姻冲突>父母离异
	<0.001	父母婚姻冲突>父母婚姻和睦

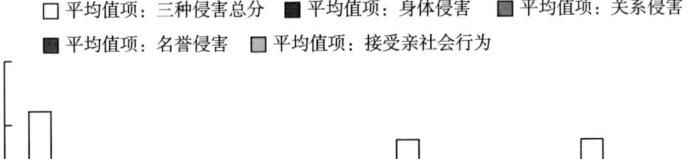

图2　小学生父母不同婚姻状况的同伴侵害量表得分情况

（四）同伴侵害的影响因素

以同伴侵害总分作为因变量进行回归分析，第一层放入人口学变量性别、年级，第二层放入父母婚姻状况、家庭经济状况，第三层放入学生自评抑郁、同伴关系，结果见表6。

表6　同伴侵害的回归分析结果

	R^2	F	β	t
模型一	0.013	33.835***		
性别			-0.093	-6.733***
年级			0.065	4.693***
模型二	0.015	19.810***		
性别			-0.092	-6.699***
年级			0.064	4.623***
父母婚姻状况			-0.032	-2.330**
家庭经济状况			-0.033	-2.431**
模型三	0.169	176.610***		
性别			-0.097	-7.660***
年级			0.051	3.994***
父母婚姻状况			-0.016	-1.295
家庭经济状况			-0.031	-2.444**
学生自评抑郁			0.374	28.510***
同伴关系			-0.056	-4.258***

注：*$p<0.05$，**$p<0.01$，***$p<0.001$。

模型3在加入学生自评抑郁以及同伴关系因素后，R^2值明显提高，表明学生的抑郁得分和同伴关系显著增强了对同伴侵害的解释。结果表明，学生自身的抑郁水平可以显著正向预测同伴侵害，同伴关系可以显著负向预测同伴侵害。

三 现状与建议

本报告结果表明,郑州市三至六年级小学生的同伴侵害在人口学变量性别和年级上有不同的分布,且受到父母婚姻状况的影响。儿童自身的抑郁情绪是其同伴侵害的危险因素,同伴关系是保护因素。

(一)同伴侵害的发生率

本报告结果表明,郑州市三至六年级小学生中同伴侵害的发生率为41.3%。该数据与史慧静等(2015)对上海大学生回溯性研究的结果42.8%非常接近,比小柳等人(Koyanagi et al.,2019)对低收入和中等收入国家青少年研究的结果受欺凌率30.4%略高。在三种不同侵害类型中,关系侵害的发生率最高,达34.6%;随后是名誉侵害,发生率为21%;最低的是身体侵害,发生率为14.5%。该结果提示,郑州市小学生中同伴侵害的发生率较高,与中学生的欺凌发生率基本一致,需要引起学校管理者和心理健康教育工作者的重视。

(二)同伴侵害的性别和年级特点

本报告结果表明,男生中同伴侵害的发生率(46.4%)比女生(35.4%)高,且男生的侵害得分显著高于女生,但接受亲社会行为差异不显著。这与前人的研究结果一致(Craig et al.,2009;乔毅娟等,2009;陈健芷、刘昭阳、刘勇,2013)。男生在解决人际冲突时倾向于选择武力,因此更容易卷入校园欺凌事件。根据闸门理论(gateway theory),儿童的危险行为会阶段性地从轻微出现发展到参与更多(Smith et al.,2002)。男生被欺凌后,很有可能发展为欺凌他人的行为,从而牵涉更多的欺凌事件,这增加了欺凌成为他们社交方式的风险。男生遭受到的校园欺凌更多,但并不代表女生遭到的校园欺凌不需要关注。虽然本报告结果表明女生受欺凌的程度低于男生,但这仅仅是统计角度上的差异。如果从欺凌的平均分来看,女生只是稍微低于男生,所以女生的欺凌情况也不容忽视。

本报告研究结果发现,学生的同伴侵害整体上随着年级升高而增长,尤其是名誉侵害。这与已有关于同伴侵害随年龄增长而减少的研究结果不一致(Craig et al.,2009)。同伴侵害随着年龄增长而减少,主要是因为身体、心理和认知能力的发展以及社会技能和经验的增多。本报告研究结果不一致的原因可能在于被试的年龄范围,三至六年级的学生都是小学生,其身体、心理和认知能力等方面的差异不大,其同伴侵害情况并没有随着年级升高而减少。值得关注的是,本报告的研究结果表明,五、六年级学生的名誉侵害得分显著高于三、四年级,四至六年级学生的关系侵害得分显著高于三年级,而身体侵害的不同年级学生差异不显著。这说明,随着年级的升高,名誉侵害和关系侵害这种间接的侵害增多,而直接的身体侵害并没有增多。因此,高年级的学生欺凌事件更难以被发现和界定,需要引起家长和学校的更多关注。研究结果还表明,高年级学生的亲社会行为均比三年级多,这对学生遭受侵害后产生的不良影响起到一定的保护作用。

(三)不同父母婚姻状况的学生同伴侵害情况

本报告研究结果表明,不同父母婚姻状况的学生受到的同伴侵害有显著差异,父母婚姻冲突的学生受到的同伴侵害最多,父母婚姻和睦的学生受到的同伴侵害最少,其中父母婚姻冲突的学生受到的同伴侵害要显著多于父母离异的学生。该研究结果与前人的研究结果一致(Cook et al.,2010; Zych, Farrington, & Ttofi, 2019)。良好的家庭氛围是儿童避免遭受同伴侵害的重要保护因素。父母具有积极良好的沟通模式,有助于儿童建立良好的人际关系,避免成为被欺凌的对象;反之,父母婚姻冲突较多,孩子也容易卷入校园欺凌事件。王学思、李静雅和王美芳(2021)的综述文章表明,父母婚姻冲突会影响儿童的认知发展和情绪社会性。根据情绪安全理论(emotional security theory),较多的父母婚姻冲突会显著降低儿童的情绪安全感,从而使儿童在探索外部世界时倾向于采取回避策略,进而影响其认知发展。根据社会学习理论(social learning theory),儿童若经常经历父母婚姻冲突，他们会习得父母的攻击性行为，并倾向于认为这些攻击性行为是合理的和合适的，进而在处理人际关系中应用这些攻击性行为，形成非适应性的冲突解决策略。

本研究数据提醒我们，父母婚姻冲突是孩子受到校园侵害的风险因素。父母可能认为婚姻冲突是成人之间的事情，很难意识到婚姻冲突还会与儿童的霸凌现象相关。从家庭层面来说，父母之间建立良好积极的相处模式，营造温暖支持的家庭氛围，将有助于降低儿童卷入校园欺凌的可能性。

（四）抑郁水平和同伴关系对同伴侵害的影响

在以往的研究中，抑郁一般作为同伴侵害的结果变量，但近几年研究者们开始关注其对同伴侵害的影响。本报告研究结果表明，学生的抑郁水平会显著正向预测其同伴侵害，符合莫拉比托等人（Morabito et al., 2021）的追踪研究结果。抑郁水平较高的儿童，往往情绪低落、缺乏活力、具有较强烈的孤独感，并且回避和他人的互动。因此，具有抑郁症状的儿童往往缺乏良好的人际关系，且在人际互动中常常比较被动，缺乏主动性，容易成为被欺凌的对象。此外，思维反刍是抑郁个体的重要特点，即反复思考同一个负性事件，只关注自己的不幸事件，如重复思考"为什么我会遇到这样的事情"。因此，具有抑郁症状的儿童在遭遇校园欺凌事件后，容易出现思维反刍，将遭遇欺凌事件归为自身的原因，从而倾向于默默承受，而不是向外界寻求帮助。因此，家长和老师对于情绪低落、独来独往的儿童要给予更多的关注，尽早发现校园欺凌事件，并给予相应的支持，必要时可求助专业的心理咨询师和心理医生。

同伴关系是学生避免遭遇校园欺凌的重要保护因素（Zych, Farrington, Ttofi, 2019）。本研究结果表明，同伴关系可以显著负向预测同伴侵害。具有良好同伴关系的儿童，往往具有良好的人际互动技能，一般不会成为学校欺凌的对象。良好的同伴关系也是儿童重要的社会支持，可以在儿童遭遇校园欺凌时提供帮助和支持。因此，家庭和学校要帮助儿童建立良好的同伴关系。家长可以在与儿童相处的过程中，用自己的行为向儿童传递恰当的人际交往方式和策略，如尊重、理解、平等和支持等。学校要开设包括人际关系等内容的心理学课程和讲座，向学生传递人际关系相关知识和技能。

此外，社区和学校作为学生重要的社会环境，积极良好的社区和学校氛围也是减少校园欺凌事件的重要保护因素（Cook et al.，2010）。因此，社区和学校要加强日常管理和建设，通过营造积极、温暖的氛围减少学生欺凌事件的发生，同时完善基层心理服务体系，为被欺凌学生提供及时有效的援助。

参考文献

陈健芷，刘昭阳，刘勇．（2013）．初中生受欺负现状及其与亲子依恋和同伴关系的关系．中国临床心理学杂志，（5），795-799.

乔毅娟，星一，季成叶，张琳．（2009）．中国18省市城市中学生欺侮行为流行现状分析．中华流行病学杂志，（5），444-447.

任海涛．（2017）．"校园欺凌"的概念界定及其法律责任．华东师范大学学报（教育科学版），（2），43-50+118.

史慧静，张喆，夏志娟，江小小，Wong Stephon，杨珉．（2015）．大学生既往校园欺负行为与心理健康现况的关联．中国学校卫生，（2），186-189.

史高岩，刘金同，张燕，张冬冬，王旸，李仁军．（2011）．受欺负初中学生身心健康状况及相关因素分析．中国学校卫生，（4），404-406.

王学思，李静雅，王美芳．（2021）．父母婚姻冲突对儿童发展的影响及其机制．心理科学进展，（5），875-884.

Cook, C. R., Williams, K. R., Guerra, N. G., Kim, T. E., & Sadek, S.（2010）. Predictors of bullying and victimization in childhood and adolescence: a meta-analytic investigation. School psychology quarterly, 25（2），65.

Craig, W., Harel-Fisch, Y., Fogel-Grinvald, H., Dostaler, S., Hetland, J., Simons-Morton, B., ... & Pickett, W.（2009）. A cross-national profile of bullying and victimization among adolescents in 40 countries. International journal of public health, 54（2），

216-224.

Hemphill, S. A., Kotevski, A., Herrenkohl, T. I., Bond, L., Kim, M. J., Toumbourou, J. W., & Catalano, R. F. (2011). Longitudinal consequences of adolescent bullying perpetration and victimisation: a study of students in Victoria, Australia. Criminal behaviour and mental health, 21 (2), 107-116.

Koyanagi, A., Oh, H., Carvalho, A. F., Smith, L., Haro, J. M., Vancampfort, D., ... & DeVylder, J. E. (2019). Bullying victimization and suicide attempt among adolescents aged 12-15 years from 48 countries. Journal of the american academy of child & adolescent psychiatry, 58 (9), 907-918.

Morabito, D. M., Burani, K., & Hajcak, G. (2021). Depressive symptoms prospectively predict peer victimization: a longitudinal study among adolescent females. Child psychiatry & human development (4), 1-9.

Renda, J., Vassallo, S., & Edwards, B. (2011). Bullying in early adolescence and its association with anti-social behaviour, criminality and violence 6 and 10 years later. Criminal behaviour and mental health, 21 (2), 117-127.

Smith, P. K., Cowie, H., Olafsson, R. F., & Liefooghe, A. P. (2002). Definitions of bullying: a comparison of terms used, and age and gender differences, in a fourteen-country international comparison. Child development, 73 (4), 1119-1133.

Ttofi, M. M., Farrington, D. P., Lösel, F., & Loeber, R. (2011). The predictive efficiency of school bullying versus later offending: a systematic/meta-analytic review of longitudinal studies. Criminal behaviour and mental health, 21 (2), 80-89.

Zych, I., Farrington, D. P., & Ttofi, M. M. (2019). Protective factors against bullying and cyberbullying: a systematic review of meta-analyses. Aggression and violent behavior, 45, 4-19.

第三部分 一至二年级分报告

Part Three　Reports on the Students of Grade One and Two

压力事件及其影响

摘　要：压力事件指具有威胁性或伤害性并因此带来压力感受的事件。压力事件是儿童生活中的一部分。为了解郑州市小学生所经历的近期和早期压力事件及其影响，研究团队采用学前儿童精神病性评估（Preschool Age Psychiatric Assessment，PAPA）中的压力生活事件部分、长处和困难问卷（Strengths and Difficulties Questionnaire，SDQ）、儿童抑郁量表和儿科症状量表（Pediatric Symptom Checklist-17，PSC-17）对郑州市918名一至二年级小学生群体展开了调查，评估了学生经历的各种压力事件及其对心理健康产生的影响。结果发现，21.6%的学生经历过至少一种压力事件，14.2%的学生在近三个月内至少经历过一种负性压力事件。占比居前三位的压力事件为："孩子曾住院或在急诊室超过24小时"（13.3%）、"过去三个月内，父母一方或双方长期离家"（6.1%）、"曾意外烧伤或烫伤"（5.7%）。女生经历的压力事件显著多于男生（$p<0.05$），儿童所经历的压力事件因父母的婚姻状况而存在显著差异（$p<0.05$）。与没有经历过压力事件的儿童相比，经历过压力事件的儿童在抑郁症状、SDQ情绪症状、品行问题以及多动症状

上的得分显著较高，在 SDQ 的亲社会行为分量表上得分显著更低，在 PSC 总分以及注意力问题、内化问题和外化问题三个分量表上得分显著更高。家庭和学校应关注低年级小学生的压力事件及其后果，尽早发现压力源，采取措施减少压力事件对学生造成的伤害。

关键词：压力；抑郁；长处和困难问卷；注意力；内化；外化

一 引言

许多研究者从心理学和神经科学角度对压力进行了定义和描述，认为危险、威胁和引起恐惧的情况可能会导致个体产生一定的情绪、生理和行为反应。适度的压力水平和压力反应对于个体的适应有积极意义，但是过高的压力水平和过度的压力反应则会损害个体的身心健康。人们一般认为，小学一至二年级是一个远离压力和问题的阶段，然而，这个阶段的儿童也会经历一些压力事件，并感受到精神和情感上的压力，部分儿童甚至会出现某些心理和行为问题。低年级儿童自身无法辨别压力事件，父母也难以将心理和行为问题与压力事件联系起来，因此，这个年龄段的儿童面临压力事件往往被忽视。

有些压力事件在儿童生活中比较常见。例如，与父母分离、搬家（与小伙伴中断联系）、遭受暴力和生病住院等都是常见的压力事件。成年人可能不会认为这些属于压力事件，但是，在研究者看来，给儿童身心和幸福感体验等方面带来威胁的事件和情境都属于压力事件（Grant et al., 2003）。另外，还有一些较为少见的创伤性压力事件，如被动物咬伤、烧伤甚至经历车祸等严重事件。国内外一些研究调查了小学生压力事件的发生率及其影响。一项对湖州市 559 名四至六年级小学生的研究发现，24% 的小学生体验到中等程度以上的压力，5.2% 的小学生有重度以上的压力。大部分压力因子对小学生的心理问题有明显的预测作用（王玲凤，2006）。一项对伊朗三至五年级 839 名小学生的调查发现，过去一年中，发生在儿童身上最重要的压力事件为"搬家"（12.5%）、"近亲死亡"（9.7%）、"车祸"（4.1%）和"新的兄弟姐妹出生"（3.7%），超过50%的儿童表现出担心、害怕、心跳加速、感到发冷和悲伤（Valizadeh et al., 2012）。另一项对4637名欧洲4~11岁儿童的研究发现，53.4%的儿童至少经历过一种家庭和社会逆境（包括移民、母亲受教育程度低、家庭经济困难、独生子女、同伴问题等），40.3%的儿童至少经历过一次负性生活事件（包括父母离婚/分居、至亲或宠物死亡、父母失业等）（Vanaelst et al., 2012）。在这些研究中，大部分儿童经历的压力事件种类较少，一小部分儿童则暴露于多种压力事件。

小学一至二年级是从幼儿时期以游戏为主到有规律的学习活动的重要转折期，也是心理发展与环境矛盾的多发期。在这一阶段，小学生的心理发展不够完善，往往不能对压力事件作出适当的反应。有些儿童经历压力事件后，在情绪上会表现出易怒、焦虑、紧张、悲伤等，在行为方面则表现出口吃、和他人打架、注意力不集中、和老师顶嘴等，在生理上则表现为头疼、胃疼、肠胃不适等。国内外关于一至二年级小学生压力事件及其影响的研究较少，但已有的研究都表明，一至二年级小学生经历的压力事件给其带来了显著的负面影响。瑞士学者的一项研究表明，对于6~8岁儿童，压力事件会显著降低其幸福感和自尊水平，还会降低其与家庭其他成员和同伴的关系质量（Gerber et al., 2017）。波兰学者还探讨了压力事件对6~8岁儿童的后续影响，发现经历过一个压力事件的儿童相对于没有经历过任何压力事件的儿童，其生活质量也显著较低，而且，经历过的压力事件数量越多，儿童的生活质量降低幅度越大（Kaczmarek & Trambacz-Oleszak, 2017）。这些研究凸显了关注一至二年级小学生压力事件的必要性和重要性。

目前，尚未见到国内学者对一至二年级小学生压力事件情况及其影响的研究成果。国外研究主要使用简短的压力自评问卷，通常只有十几个条目，无法更广泛地涵盖一至二年级小学生可能经历的压力事件。基于此，本报告采用学前儿童精神病性评估（Preschool Age Psychiatric Assessment, PAPA）中的压力生活事件部分测量多种压力事件在郑州市近千名一至二年级小学生中的发生率。PAPA 包括了 30 多种压力事件，并且在每个事件后都询问主要抚养者经历该事件给孩子带来的影响。除了 PAPA 自带的压力事件后果评估题目，本报告还使用了长处和困难问卷、儿童抑郁量表和儿科症状量表，以更全面地探讨压力事件对儿童的影响。

二 调查对象与方法

（一）研究对象

采用整群抽样的方法，向调查对象发放线上问卷链接，组织学生家长网上填写问卷。本次调查共收集郑州市一至二年级小学生问卷918份。调查的小学生年龄范围为6~9岁，其中男生504人（占比54.9%），一年级学生480人（占比52.3%）。调查对象基本信息见表1。

表1 调查对象基本情况

项目	组别	人数（人）	百分比（%）
性别	男	504	54.90
	女	414	45.10
年龄	6岁	41	4.47
	7岁	433	47.17
	8岁	366	39.87
	9岁	34	3.70
	缺失	44	4.79
年级	一年级	480	52.29
	二年级	438	47.71
家庭居住地	村	88	9.59
	地级市政府所在地	30	3.27
	省会/直辖市	699	76.14
	县/区政府所在地	77	8.39
	乡镇政府所在地	24	2.61

续表

项目	组别	人数（人）	百分比（%）
父母的婚姻状态	父母有一方去世	3	0.33
	婚姻存续但夫妻不和（包括分居）	10	1.09
	婚姻存续且夫妻和睦	872	94.99
	离异	33	3.59
过去五年家庭总收入与总支出比率	0.5以下	71	7.73
	0.5~1	142	15.47
	1~2	231	25.16
	2~5	129	14.05
	5以上	48	5.23
	不清楚	297	32.35
从孩子出生到现在，母亲外出打工或工作（不在家住）大约总时长	小于半年	764	83.22
	半年至一年	45	4.90
	一年至三年	32	3.49
	三至五年	22	2.40
	五至十年	9	0.98
	十年以上	4	0.44
	不清楚	42	4.58
从孩子出生到现在，父亲外出打工或工作（不在家住）大约总时长	小于半年	639	69.61
	半年至一年	82	8.93
	一年至三年	74	8.06
	三至五年	41	4.47
	五至十年	39	4.25
	十年以上	7	0.76
	不清楚	36	3.92
从孩子出生到现在，父亲和母亲同时外出打工或工作（不在家住）大约总时长	小于半年	768	83.66
	半年至一年	31	3.38
	一年至三年	25	2.72
	三至五年	23	2.51
	五至十年	12	1.31
	十年以上	5	0.54
	不清楚	54	5.88

续表

项目	组别	人数（人）	百分比（%）
孩子在家中的排序	独生子女	290	31.59
	老大（非独生）	385	41.94
	老二	220	23.97
	老三	16	1.74
	老四	2	0.22
	其他	5	0.54

（二）调查工具

1. PAPA 压力生活事件部分

PAPA 是国外评估学前儿童精神病理学广泛使用的访谈工具，包括对儿童的睡眠行为、分离焦虑、品行问题、生活事件等多方面的评估。PAPA 中的压力生活事件部分描述了儿童生活和环境中出现的主要应激源和威胁生命的事件，共有 38 种压力事件，包括"家庭新增 18 岁以下孩子""父母离婚""搬家""孩子喜爱的宠物死了""中毒""孩子亲爱的人去世"等项目，并区分了近三个月的压力事件和过去发生的压力事件。采用"是"和"否"计分方式，要求父母报告儿童是否经历过特定的压力事件，同时也报告了各种压力事件对儿童造成的影响。父母从 22 个方面报告每种压力事件的影响，包括"分离焦虑""易怒""抑郁/退缩""难以集中注意力""与同伴的关系改变"等。PAPA 中的压力生活事件既适用于学前儿童，也适用于学龄儿童。

2. 长处和困难问卷

长处和困难问卷（SDQ）是由心理学家古德曼（Goodman）于 1997 年根据《精神病诊断和统计手册-Ⅳ》和《精神与行为分类（第 10 版）》诊断标准专门设计和编制的。问卷分家长、老师和学生自评 3 个版本，分别由家长、老师和学生评定。本次采用了家长版，由家长根据对孩子的观察来评估孩子近半年的行为、情绪等方面的表现。SDQ 共有 25 个条目，包括情绪症状、品行问题、多动、同伴交往问题和亲社会行为5个因子，前4个分量表构成困难总分，反映消极的情绪和行为问题，而亲社会行为分量表作为长处问卷，反映积极的行为。每个条目按0~2三级评分：0分=不真实，1分=有点真实，2分=完全真实，其中第7、11、14、21和25条这5个条目为反向计分，另外还有1个附加影响因子，包括"困难对孩子的困扰"和"对孩子造成的社会功能缺陷"2个条目，按0~2三级评分，均为正向计分。该问卷的Cronbach's α系数为0.65。

3. PROMIS 抑郁量表

患者报告结局测量信息系统是症状和生活质量的自我测评标准化工具系统，包括生理、心理和社会健康三大模块。该测量系统通过问卷形式收集患者报告的信息和主观感受。可作为临床治疗效果研究的主要结果指标，也可用于普通人群中多种慢性疾病及健康状况的研究。本报告使用了PROMIS中的儿童抑郁症状父母报告版简版，包括8个项目，要求父母或其他主要抚养人评估儿童在过去7天内与抑郁有关的症状，使用1（从来没有）~5（几乎总是）计分方式。本报告中的Cronbach's α系数为0.86。

4. 儿科症状量表

儿科症状量表（Pediatric Symptom Checklist-17，PSC-17）是由加德纳（Gardner）及其同事使用探索性因素分析法从完整版PSC中的35个项目简化而来，共有17个题目，包括3个方面：内化问题、外化问题和注意力问题。外化问题主要测量破坏性行为，如攻击性和多动症；内化问题衡量抑郁、担忧和焦虑感；注意力问题测量儿童的注意力缺陷，如容易分心。PSC采用0（从不）~2（经常）计分方式，总分为三个分量表得分相加。分数越高，表明儿童有越多的心理和行为问题。

5. 背景信息问卷

收集小学生及家长的基本人口学变量和家庭情况信息，包括年龄、性别、年级、家庭居住地、父母婚姻状况、家庭经济情况等内容。

(三) 数据处理

使用 SPSS 22.0 对数据进行分析，采用的统计方法有描述性统计、独立样本 t 检验、方差分析等。$p<0.05$，$p<0.01$ 或 $p<0.001$，具有统计学意义。

三 调查结果

(一) 基本情况

描述性统计发现，在过去三个月内，"父母一方或双方长期离家""与父母或其他主要抚养者连续分开 24 小时或更久""家庭新增 18 岁以下孩子""父母一方或双方曾在急救室或住院超过 24 小时""在家庭结构不变或发生改变的情况下搬过家""孩子喜爱的宠物死了"是儿童主要的压力源，分别占比 6.1%、5.23%、4.36%、4.2%、2.9% 和 1.85%。从出生到现在，儿童主要的压力源有"孩子曾住院或在急诊室超过 24 小时""曾意外烧伤或烫伤""曾骨折""孩子亲爱的人去世""曾被动物攻击""遭受过可能会受伤住院甚至威胁生命的车辆撞伤"，分别占比 13.3%、5.66%、3.4%、2.4%、1.9%、1.31%。儿童没有经历过的创伤事件有"曾经中毒""孩子的兄弟姐妹、朋友或同伴去世""意外或故意的致人死亡/严重受伤/财物损失巨大的火灾""曾经历过战争或恐怖主义""儿童自身引发了死亡或严重伤害事故""被囚禁，被关押""被性虐待或强奸"。家长描述的其他创伤事件有"游乐场意外受伤，缝针""曾因肺炎住院一周""从床上摔下""磕伤""被狗咬了一下"等，其中意外摔伤、磕伤较多。具体信息见表 2。

表 2 近端和远端压力事件（按百分比排序）

	频率（次）	百分比（%）
过去三个月内		
2. 父母一方或双方长期离家	56	6.10
14. 与父母或其他主要抚养者连续分开 24 小时或更久	48	5.23

续表

	频率（次）	百分比（%）
1. 家庭新增 18 岁以下孩子	40	4.36
13. 父母一方或双方曾在急救室或住院超过 24 小时	39	4.20
5. 在家庭结构不变或发生改变的情况下搬过家	27	2.90
8. 孩子喜爱的宠物死了	17	1.85
4. 至少有一个月和父母一方的新伴侣在一起生活	9	1.00
从出生到现在		
24. 孩子曾住院或在急诊室超过 24 小时	122	13.30
18. 曾意外烧伤或烫伤	52	5.66
38. 其他创伤事件	40	4.35
22. 曾骨折	31	3.40
25. 孩子亲爱的人去世	22	2.40
21. 曾被动物攻击	17	1.90
16. 遭受过可能会受伤住院甚至威胁生命的车辆撞伤	12	1.31

对压力事件次数进行统计分析发现，21.6%的学生至少经历过一次压力事件，有 2 名学生最多经历了 10 种压力事件。14.2%的学生在近三个月内至少经历过一种压力事件。具体信息见表 3、表 4。

表 3　经历的压力事件情况

	频率（次）	百分比（%）		频率（次）	百分比（%）
1 种	198	21.6	5 种	2	0.2
2 种	90	9.8	7 种	2	0.2
3 种	27	2.9	10 种	2	0.2
4 种	15	1.6			

表 4　近三个月内经历的压力事件

	频率（次）	百分比（%）		频率（次）	百分比（%）
1 种	130	14.2	5 种	1	0.1
2 种	43	4.7	6 种	1	0.1
3 种	10	1.1	7 种	1	0.1
4 种	1	0.1			

压力事件及其影响

　　对压力事件的影响进行分析发现,给儿童带来影响最多的前4位事件为事件2、事件1、事件14和事件24。事件2"父母一方或双方长期离家"给儿童带来的主要影响包括分离焦虑、难以集中注意力和对抗行为。事件1"家庭新增18岁以下孩子"给儿童带来的最主要影响为分离焦虑、难以集中注意力、对抗行为(包括不服从大人指令和发脾气)和哭闹更多。事件14"与父母或其他主要抚养者连续分开24小时或更久"给儿童带来的影响最多的是分离焦虑。事件24"孩子曾住院或在急诊室超过24小时"给儿童带来的最大影响是孩子难以集中注意力。综合所有压力事件给儿童带来的影响,排名前6项的是分离焦虑、难以集中注意力、对抗行为、哭闹更多、新的恐惧/焦虑或者原有的恐惧/焦虑更严重了、易怒。详细信息见表5。

表5　各种压力事件影响的发生频率

单位:次

	1	2	3	4	5	6	7	8	9	10	11	12	13	14	15	16	17	18	19	20
事件1	14	2	10	6			3	1			3	11	10		1	1	1			4
事件2	15	4	8	4	2	1	1	2		3	4	11	11	2	7				1	2
事件3	1									1										
事件4	2		1	1						1		3	1			1				
事件5	2	3	3	1	2			1		4		1	2	1	1		1	1		
事件6	2	1	2		1					1		1			1					
事件7	1			1				1					2					1		
事件8	1		1										1	1						3
事件9	3		3	2	2		1	1			1	3	3	2	1			1		1
事件10	1	1																		
事件11																				1
事件12				1					1											
事件13	4	3	1	2							1	2	2		1					3
事件14	15	6	6	5	3		2	1		1	3	3	5	4	5					2
事件15			1														1			2

125

续表

	1	2	3	4	5	6	7	8	9	10	11	12	13	14	15	16	17	18	19	20
事件16	1	3	1		1		1					1		1						2
事件18	4	2	2	5	1					5	2	5	7	3	1			1		1
事件19	1																			1
事件20		2		1																
事件21		1			1						1			1						
事件22		2	1	2				1	1	1	1	2	4							1
事件23	2	2		1																2
事件24	3	4	4	3	1			1	1	4	5	13	5	3		1				5
事件25	4	1	2							3		2	1	1						2
事件27		1																		
事件32	1	4	2		2							1								
事件33	1												1							
事件34				1																
事件35	1																			
总计	79	43	48	35	15	1	7	10	3	27	22	61	55	18	13	2	3	5	1	32

注：首行数字代表该事件对孩子某一方面造成了影响。"1"代表分离焦虑（或更黏人），"2"代表孩子有了新的恐惧/焦虑或者原有的恐惧/焦虑更严重了，"3"代表孩子哭闹更多，"4"代表易怒，"5"代表抑郁/退缩，"6"代表大小便技能退化，"7"代表语言能力下降，"8"代表进食/食物相关行为，"9"代表躯体症状，"10"代表睡眠问题，"11"代表多动，"12"代表难以集中注意力，"13"代表对抗行为（包括不服从大人指令和发脾气），"14"代表攻击性变强，"15"代表与父亲的关系改变，"16"代表与母亲的关系改变，"17"代表与兄弟姐妹的关系改变，"18"代表同伴关系改变，"19"代表带有性色彩的游戏，"20"代表其他。

（二）压力事件的性别、年龄、年级差异

使用独立样本 t 检验和单因素方差分析比较不同性别、年级、年龄学生经历的压力事件，结果并没有发现不同年龄和年级学生在近端和总的压力事件上的差异。对不同性别样本的分析发现，女生经历的近端和总的压力事件显著多于男生（$ps<0.05$）。详细信息见表6。

表6 男女经历的近端、远端和总的压力事件比较

	性别	$M \pm SD$	t	p
近端压力事件	男	0.23±0.55	2.98	0.003
	女	0.37±0.82		
远端压力事件	男	0.32±0.63	0.19	0.850
	女	0.33±0.75		
总的压力事件	男	0.55±0.88	2.05	0.040
	女	0.70±1.25		

(三) 压力事件的家庭经济状况、父母婚姻状况差异

用方差分析法比较不同经济状况和父母婚姻状况的儿童所经历的压力事件差异，结果发现，不同经济状况的儿童所经历的压力事件并无显著差异，而不同父母婚姻状况的儿童所经历的近端、远端和总的压力事件都存在显著差异（$ps<0.01$）。进一步分析发现，对于近三个月内的压力事件，婚姻存续且夫妻和睦家庭的儿童所经历的压力事件显著少于其他三者（$ps<0.05$），婚姻存续但夫妻不和家庭中儿童所经历的压力事件高于离异家庭的儿童，处于边缘显著水平（$p=0.057$）。对于远端压力事件，婚姻存续但夫妻不和家庭的儿童所经历的压力事件显著高于夫妻和睦和离异家庭的儿童（$ps<0.05$）。对于总的压力事件，婚姻存续且夫妻和睦家庭的儿童所经历的压力事件显著少于其他三者（$ps<0.05$），婚姻存续但夫妻不和家庭的儿童所经历的压力事件显著高于离异家庭的儿童（$p<0.05$）。具体信息见表7。

表7 不同父母婚姻状况的儿童经历的近端、远端和总的压力事件比较

		N	$M \pm SD$	F	p
近端压力事件	婚姻存续且夫妻和睦	872	0.25±0.63	22.96	0.000
	婚姻存续但夫妻不和	10	1.40±1.84		
	离异	33	0.94±1.03		
	父母有一方去世	3	1.33±1.15		

续表

		N	M±SD	F	p
远端压力事件	婚姻存续且夫妻和睦	872	0.31±0.66	4.63	0.003
	婚姻存续但夫妻不和	10	1.00±1.49		
	离异	33	0.52±0.83		
	父母有一方去世	3	0.67±0.58		
总的压力事件	婚姻存续且夫妻和睦	872	0.56±0.98	19.87	0.000
	婚姻存续但夫妻不和	10	2.40±3.24		
	离异	33	1.45±1.23		
	父母有一方去世	3	2.00±1.73		

（四）压力事件对小学生心理与行为问题的影响

比较经历与没有经历过压力事件的小学生在抑郁、长处和困难问卷、儿科症状量表上的得分差异，结果发现，两组儿童在抑郁症状、SDQ 情绪症状、SDQ 品行问题、SDQ 多动、SDQ 亲社会行为分量表以及 PSC 总分、PSC 内化问题、PSC 外化问题、PSC 注意力问题上存在显著差异（$ps<0.05$）。详细信息见表 8。

表 8　有无压力事件的学生在抑郁、SDQ、PSC 量表上的得分比较

	分组	N	M±SD	t	p
抑郁症状	无	582	9.70±3.52	5.02	0.000
	有	336	10.99±3.85		
SDQ 情绪症状	无	582	1.79±1.77	2.84	0.005
	有	336	2.13±1.80		
SDQ 品行问题	无	582	1.82±1.44	2.25	0.024
	有	336	2.04±1.44		
SDQ 多动	无	582	4.10±2.39	2.91	0.004
	有	336	4.59±2.51		
SDQ 同伴交往问题	无	582	2.18±1.60	0.70	0.485
	有	336	2.26±1.61		

续表

	分组	N	$M \pm SD$	t	p
SDQ 亲社会行为	无	582	7.72±2.05	2.58	0.010
	有	336	7.37±1.99		
PSC 注意力问题	无	582	3.41±2.07	4.42	0.000
	有	336	4.04±2.08		
PSC 外化问题	无	582	2.29±1.99	5.73	0.000
	有	336	3.09±2.09		
PSC 内化问题	无	582	1.16±1.53	4.90	0.000
	有	336	1.70±1.68		
PSC 总分	无	582	6.86±4.76	6.03	0.000
	有	336	8.83±4.80		

四　现状与建议

本次调查发现，21.6%的小学生至少经历过一种压力事件，14.2%的小学生在近三个月内至少经历过一种压力事件。在各种压力事件中，"孩子曾住院或在急诊室超过24小时""过去三个月内，父母一方或双方长期离家""曾意外烧伤或烫伤"占比居前三位，这些压力事件对学生影响最大的方面有分离焦虑、难以集中注意力、对抗行为、哭闹更多、新的恐惧/焦虑或者原有的恐惧/焦虑更严重了、易怒等。女生比男生经历了更多的压力事件。父母婚姻和谐的儿童所经历的压力事件较少。至少经历过一种压力事件的儿童比没有经历过压力事件的儿童在抑郁量表上的得分更高，在SDQ情绪症状、品行问题以及多动症状上的得分较高，在SDQ的亲社会行为分量表上得分较低，在PSC的注意力问题、内化问题以及外化问题上得分更高。这启示我们要关注小学低年级儿童的压力状况及其负面后果，通过减少压力源来保护儿童的心理健康。

（一）关注小学低年级学生的压力状况

从结果可以看出，21.6%的小学生经历过至少一种压力事件，经历过多种压力事件的小学生较少。例如，有2.9%的小学生至少经历了三种压力事件。小学生普遍没有经历过一些创伤性压力事件，如"中毒""意外或故意致人死亡/严重受伤/财物损失巨大的火灾""曾经历过战争或恐怖主义""被囚禁，被关押""被性虐待或强奸"等。这表明小学生总体生活在一个比较安全的社会环境中。这与凡阿尔斯特等人（Vanaelst et al.，2012）对欧洲学龄前和小学儿童的研究结果一致，某些压力事件很少发生，小部分儿童则经历过两种及以上压力事件。在儿童经历的压力事件中，父母报告的占比居前的压力事件包括"孩子曾住院或在急诊室超过24小时"、"曾意外烧伤或烫伤"。家长描述的其他创伤事件也包括"游乐场意外受伤，缝针""曾因肺炎住院一周""从床上摔下""磕伤"等，说明儿童生活中常见的压力事件经历较多，父母比较关心孩子的身体健康及意外事件。

本次调查发现，女生比男生经历了更多的压力事件。这与之前的结论一致。拉菲利等人（Raffaelli et al.，2016）发现，虽然男女性经历的压力事件总数没有差异，但女性经历了更多家庭和身体方面的压力，男性则在与上级的冲突和独立性事件（如拥有自己的电视或驾驶机动车辆）上经历了更多压力。其他研究则发现，男性经历压力事件的频率更高（Sowa & Lustman，1984），或男女经历压力事件的平均数并没有差异（Vazquez et al.，2015）。结果不一致的原因可能在于，样本的年龄差异、报告者差异、调查的压力事件类型差异以及文化差异。本报告中父母描述了女生更多的压力事件，可能是由于传统观念中男孩更坚强，或者女孩比男孩在情感上更加敏感，压力事件带来的影响更易被父母察觉。

总之，本次对小学低年级学生的压力源调查发现，约有五分之一的儿童经历了生活中普遍存在的压力事件。也有少数儿童受到多重压力事件的影响，家长及学校应该关注小学生身边可能存在的压力事件。

（二）关注家庭环境变化对小学生的影响

对于小学低年级学生遭受的压力事件，在过去三个月内，"父母一方或双方长期离家""与父母或其他主要抚养者连续分开24小时或更久""家庭新增18岁以下孩子""父母一方或双方曾在急救室或住院超过24小时""在家庭结构不变或发生改变的情况下搬过家"占比居前。在分析事件造成的影响时，"父母一方或双方长期离家""家庭新增18岁以下孩子""与父母或其他主要抚养者连续分开24小时或更久"给孩子带来的影响较大。以上事件都与家庭环境变化有关，说明家庭环境变化带来的压力对孩子来说较为普遍。例如，对于孩子来说，家庭中弟弟或妹妹的出生是一件大事，母亲需要住院，孩子可能会感到被遗弃和害怕，特别是当孩子把医院与疾病和死亡联系在一起时。弟弟或妹妹出生后，父母不可避免地在新生儿身上花费大量的时间和精力，孩子可能会感到被轻视或被忽视。因此，要在家庭环境发生变化时密切关注孩子的心理状态。

（三）关注夫妻不和对孩子的影响

研究发现，父母婚姻状况不同，儿童所经历的近端、远端和总的压力事件都存在显著差异。总体上表现为：婚姻存续且夫妻和谐家庭的儿童所经历的压力事件小于父母离异、父母有一方去世、婚姻存续但夫妻不和家庭的儿童。值得注意的是，婚姻存续但夫妻不和家庭的儿童所经历的压力事件多于父母离异和父母有一方去世的儿童。夫妻不和的主要表现有争吵、冷战、交流较少等。孩子能够感知到父母婚姻关系的质量，夫妻不和会让孩子感到无助、自责，孩子体验到的负性情绪更多，对孩子的发展更为不利。总之，家长应重视自身婚姻质量对孩子心理层面的影响，有义务处理好夫妻关系，为孩子营造和谐的家庭氛围，尽量降低夫妻不和对儿童的影响。

（四）关注压力事件给小学生带来的消极影响

本报告中的很多压力事件在日常生活中很常见，家长可能认为这些事件不会影响孩子的心理或行为。但是，研究结果表明，至少经历过一种压力事件的儿童比没有经历过压力事件的儿童有更多的抑郁症状、情绪症状、品行问题、多动、注意力问题等，并且表现出的亲社会行为更少。这与以往的多数研究一致。国外一项纵向研究发现，4岁以前暴露于应激事件的儿童在7岁时心理问题显著增加，8~9岁暴露于应激事件的儿童在11岁时心理问题显著增加（Laceulle et al., 2014）。对于家长而言，应密切关注孩子经历的压力事件，留意其对孩子心理与行为方面的影响，帮助孩子解决内心的冲突与焦虑，以更好地应对压力事件。如果压力事件导致孩子出现明显的心理或行为问题，且持续时间较长，家长应寻求专业人员的帮助。

（五）重视压力事件之后的应对

确保让孩子感受到安全。压力事件难以完全避免，重要的是，当压力事件发生后，要让孩子知道父母会尽力确保他们的安全。与孩子交流，用支持性的语言询问孩子的感受，父母要保持冷静，避免让孩子觉得发生这些事情是他们的错。保持耐心，有些孩子也许没有能力立即表达自己的感受。高效陪伴，父母可以安排一些家庭活动，给孩子创造条件，让他们有机会体验到快乐。父母要管理好自己的压力，如果父母本身处于高压力水平，孩子很容易受到父母的焦虑或抑郁情绪的感染，冷静而又开心的父母才有能力为孩子提供积极的支持。如果父母已经尽最大努力，孩子依然无法摆脱压力事件的影响甚至情况变得更糟糕，就需要寻求专业人员的帮助。总之，儿童在成长过程中无法完全排除压力事件的干扰，家庭和学校应重视儿童经历的压力事件，准确识别压力事件给儿童带来的影响，并采取干预措施减轻乃至消除压力事件的影响。

参考文献

王玲凤. (2006). 湖州市559名小学生压力与心理健康状况调查. 中国公共卫生, (2), 133-135.

Gerber, M., Endes, K., Brand, S., Herrman, C., Colledge, F., Donath, L., Faude, O., Hanssen, H., Pühse, U., Zahner, L. (2017). In 6-to 8-year-old children, cardiorespiratory fitness moderates the relationship between severity of life events and health-related quality of life. Qual Life Res, 26 (3): 695-706. doi: 10.1007/s11136-016-1472-6.

Grant, K. E., Compas, B. E., Stuhlmacher, A. F., Thurm, A. E., McMahon, S. D., & Halpert, J. A. (2003). Stressors and child and adolescent psychopathology: moving from markers to mechanisms of risk. Psychological bulletin, 129, 447-466.

Kaczmarek M, & Trambacz-Oleszak S. (2017). HRQoL impact of stressful life events in children beginning primary school: results of a prospective study in Poland. Qual Life Res. 26 (1), 95-106. doi: 10.1007/s11136-016-1371-x.

Laceulle, O. M., O'Donnell, K., Glover, V., O'Connor, T. G., Ormel, J., van Aken, M. A. G., & Nederhof, E. (2014). Stressful events and psychological difficulties: testing alternative candidates for sensitivity. European child & adolescent psychiatry, 23 (2), 103-113. doi: 10.1007/s00787-013-0436-4.

Raffaelli, B., Strache, N., Parchetka, C., Artiges, E., Banaschewski, T., Bokde, A., ... Gallinat, J. (2016). Sex-related differences in frequency and perception of stressful life events during adolescence. Journal of public health-heidelberg, 24 (5), 365-374. doi: 10.1007/s10389-016-0731-x.

Sowa, C. J., & Lustman, P. J. (1984). Gender differences in rating stressful events, depression, and depressive cognition. Journal of clinical psychology, 40 (6), 1334-1337.

Valizadeh, L., Farnam, A., & Rahkar Farshi, M. (2012). Investigation of stress symptoms among primary school children. Journal of caring sciences, 1 (1), 25-30. doi: 10.5681/jcs.2012.004.

Vanaelst, B., Huybrechts, I., De Bourdeaudhuij, I., Bammann, K., Hadjigeorgiou,

C., Eiben, G., ... Consortium, I. (2012). Prevalence of negative life events and chronic adversities in European pre- and primary-school children: results from the IDEFICS study. Archives of public health, 70 (1), 26-26. doi: 10. 1186/0778-7367-70-26.

Vazquez, J. J., Panadero, S., & Martin, R. M. (2015). Regional and national differences in stressful life events: the role of cultural factors, economic development, and gender. American journal of orthopsychiatry, 85 (4), 392-396. doi: 10. 1037/ort0000029.

心理与行为问题

摘　要：随着社会的发展，现阶段小学生的心理健康状况逐渐受到人们的广泛关注。对小学生的心理健康状况进行调查，是掌握其身心发展的有效手段。为了解郑州市小学 1~2 年级学生的心理发展状况，研究团队采用阿肯巴克（Achenbach）儿童行为量表（Child Behavior Checklist, CBCL）对郑州市几所小学的 3361 名一至二年级小学生展开了调查。结果发现，将 CBCL 划分为 8 个因子时，T 分数在 70 分以上小学生的焦虑/抑郁、退缩/抑郁、躯体主诉、社交问题、思维问题、注意力问题、违纪行为和攻击行为所占比例分别为 4.2%、5.6%、5.7%、4.9%、4.1%、4.7%、5.2% 和 4.8%。男生在 CBCL 的退缩/抑郁、社交问题、思维问题、注意力问题、违纪行为和攻击行为上得分显著高于女生。一年级学生的焦虑/抑郁得分显著高于二年级。不同父母婚姻状况和家庭收支比的小学生在所有 8 个因子上均存在显著差异。基于 DSM 将 CBCL 划分为 6 个因子时，T 分数在 70 分以上小学生的抑郁问题、焦虑问题、躯体问题、注意力缺陷、对立违抗行为和品行问题所占比例分别为 5.5%、4.2%、6.6%、5.0%、3.8%、5.7%。男生在抑郁问题、注意力缺陷、对立违抗行为和品行问题上的得分显著高于女生。一年级学生的焦虑问题得分显著高于二年级。不同父母婚姻状况的小学生在所有 6 个因子上均存在显著差异。除了对立违抗行为，不同家庭收支比的儿童在 CBCL 其他因子上均存在显著差异。家长及教育工作者应重视一至二年级小学生的心理与行为问题，为学生提供良好的学习及生活环境，对学生的心理与行为问题给予积极干预，以促进儿童的健康发展。

关键词：儿童行为；注意力缺陷；低年级

一 引言

研究表明，全世界约有五分之一的儿童有心理健康问题（Kieling et al.，2011）。儿童的心理和行为问题是指不符合精神疾病诊断标准的症状或体征，这些症状或体征会导致儿童在未来的生活中有较高的精神疾病风险。例如，攻击性、不服从、焦虑、咬指甲、睡眠问题等都是这些心理和行为问题的一部分。如果这些心理和行为问题在儿童早期就被识别并能得到干预，那么这些问题在青春期和成年期转化为精神疾病的风险就会降低。

为儿童提供心理健康服务，首先要确定儿童面临的情绪和行为问题现状。一些研究调查了儿童心理和行为问题的发生率。例如，一项研究使用CBCL对伊朗一至五年级小学生的行为问题进行了调查，结果发现小学男生行为问题的发生率为36.44%，二年级学生行为问题发生率最高（25.6%），五年级最低（13.6%），最常见的行为问题是违抗行为，占比23.11%（Abdolahzadeh et al.，2018）。对美国3~17岁儿童/青少年的一项调查要求父母报告孩子是否曾被诊断为有抑郁、焦虑或品行问题，将儿童划分为3个年龄组，结果发现，在6~11岁儿童中，1.7%的儿童有抑郁问题，6.6%的儿童存在焦虑问题，9.1%的儿童存在行为问题（Ghandour et al.，2019）。国内一项使用CBCL的研究发现，在2386名6~11岁儿童中，儿童行为问题检出率为9.4%，男生行为问题检出率为10.0%，女生检出率为8.8%，各年龄段儿童行为问题的检出率存在差异，随着年龄增长检出率降低（汪丙芮等，2020）。另有一项对东莞地区2518名一至六年级小学生的调查，使用心理健康诊断测验（MHT）的结果显示，4.29%的小学生存在问题倾向，1.43%的小学生存在严重心理问题，其中学习焦虑、身体症状和过敏倾向较突出；症状自评量表（SCL-90）的调查结果显示，9.56%的小学生存在躯体化问题，14.50%的小学生存在抑郁倾向，21.98%的小学生有人际交往问题。不同年级的小学生在MHT总分以及SCL-90的躯体化、抑郁、人际关系维度存在显著差异（胡庆菊等，2019）。

一些因素可能会增加儿童心理健康问题的风险,如生物因素、遗传因素、心理社会因素和环境因素。家庭经济状况差、婚姻不和、父母死亡或与父母分离是与儿童心理和行为问题增加有关的环境因素。研究发现,生活在贫困家庭的儿童比生活在非贫困家庭的儿童更普遍存在内化和外化问题(Slopen et al.,2010)。在社会经济上处于不利地位的儿童和青少年出现心理健康问题的可能性要高出二至三倍(Reiss,2013)。此外,大量研究表明,与有亲生父母的完整家庭相比,来自离异家庭孩子的不顺从行为、外化行为、反社会行为、多动症、同伴关系问题更多,学业表现更差(Lansford,2009;Storksen et al.,2005;Tullius et al.,2021)。甚至有研究发现,来自分居或离异家庭的孩子出现行为问题的可能性几乎是来自完整家庭的孩子的11.5倍(Liu et al.,1999)。在分居或离异家庭中,父母持续冲突可能会成为一个重要的压力源,影响了父母照顾孩子的能力。婚姻关系也可能不利于父母的心理健康,从而间接对抚育孩子产生影响。

虽然过往研究探讨了小学生的心理与行为问题,但是,尚未有大样本研究聚焦一年级和二年级小学生的心理与行为问题。小学一年级和二年级作为义务教育的起始阶段,学生的心理与行为问题尤其值得重视。这些心理问题会妨碍儿童的学习和社交,如果不进行识别和干预,在青春期阶段容易发展成更为严重的心理和行为障碍。对于小学一至二年级的儿童,他们自身的认知能力尚不足以完成心理与行为的自评,所以,本报告让父母或其他主要抚养者来评定儿童的心理与行为状况。同时,本报告比较了一些人口学变量在儿童心理与行为问题方面的差异,这些人口学变量主要包括性别、年龄、年级、家庭收支比和父母婚姻状况等,有助于全面了解一至二年级小学生心理与行为问题的影响因素。

二 调查对象与方法

(一)研究对象

采用整群抽样方法,向调查对象发放线上链接,组织学生家长网上填写问卷。最终选取 3361 名一至二年级小学生为调查对象。学生年龄范围在 6~10 岁，男生 1844 人（占比 54.9%）。调查对象基本信息见表 1。

表 1　调查对象基本情况

项目	组别	人数（人）	百分比（%）
性别	男	1844	54.9
	女	1517	45.1
年龄	6	559	16.6
	7	1663	49.5
	8	1085	32.3
	9	52	1.5
	10	2	0.1
年级	小学一年级	1973	58.7
	小学二年级	1388	41.3
父母婚姻状况	父母离异	126	3.7
	父母有一方去世	11	0.3
	婚姻存续但夫妻不和	40	1.2
	婚姻存续且夫妻和睦	3184	94.7
过去五年家庭总收入与家庭总支出的比率（比率越大表示家庭越富裕）	0.5 以下	326	9.7
	0.5~1	585	17.4
	1~2	783	23.3
	2~5	444	13.2
	5 以上	157	4.7
	不清楚	1066	31.7
家庭居家住地	村	375	11.2
	乡镇政府所在地	89	2.6
	县/区政府所在地	284	8.4
	地级市政府所在地	119	3.5
	省会/直辖市	2494	74.2

续表

项目	组别	人数（人）	百分比（%）
从孩子出生到现在，母亲外出打工或工作（不在家住）的总时长	小于半年	2646	78.7
	半年至一年	179	5.3
	一至三年	163	4.8
	三至五年	86	2.6
	五至十年	62	1.8
	不清楚	225	6.7
从孩子出生到现在，父亲外出打工或工作（不在家住）的总时长	小于半年	2149	63.9
	半年至一年	332	9.9
	一至三年	292	8.7
	三至五年	210	6.2
	五至十年	152	4.5
	不清楚	226	6.7
从出生到现在，母亲和父亲同时外出打工或工作（不在家住）的总时长	小于半年	2604	77.5
	半年至一年	175	5.2
	一至三年	152	4.5
	三至五年	93	2.8
	五至十年	79	2.4
	不清楚	258	7.7

（二）调查工具

阿肯巴克（Achenbach）儿童行为量表（Child Behavior Checklist，CBCL）是一种儿童心理健康研究和实践中被广泛使用的工具。由心理学家阿肯巴克编制，并针对不同年龄段修订了不同的版本，用来评估儿童和青少年的社会、情感和行为问题。CBCL 6~18 岁版的行为问题部分共包括 113 个项目，主要由照料者根据儿童近 6 个月的表现进行 0、1、2 三级评分。分数越高，表示行为问题越严重。CBCL有两种计分方式：一种将儿童的心理与行为问题划分为焦虑/抑郁、退缩/抑郁、躯体主诉、社交问题、思维问题、注意力问题、违纪行为和攻击行为8个因子，注重从儿童的内化和外化症状来划分；另一种计分方式则以DSM为导向，旨在涵盖儿童常见的精神障碍，将其划分为抑郁问题、焦虑问题、躯体问题、注意力缺陷、对立违抗行为和品行问题6个部分。CBCL在国内外研究中已被广泛使用（Achenbach et al.，2000；Frizzo et al.，2015；Huang，2017；Liu et al.，1999；Tyson et al.，2011）。

（三）数据处理

采用SPSS 22.0对数据进行描述性统计、独立样本 t 检验、方差分析，$p<0.05$，$p<0.01$ 或 $p<0.001$，具有统计学意义。

三 调查结果

（一）基本情况

将CBCL各因子项目得分相加，转化为 T 分数。根据 T 分数将儿童在各因子上的得分分为 $T\leq60$ 分、$60<T\leq70$ 分以及 $T>70$ 分三组。T 分数在60分以上表示有较高风险，70分以上则表示有极高风险。由表2可知，从CBCL的焦虑/抑郁、退缩/抑郁、躯体主诉、社交问题、思维问题、注意力问题、违纪行为、攻击行为8个因子看，T 分数在70分以上所占比例分别为4.2%、5.6%、5.7%、4.9%、4.1%、4.7%、5.2%和4.8%。从抑郁问题、焦虑问题、躯体问题、注意力缺陷、对立违抗行为及品行问题6个因子看，T 分数在70分以上所占比例分别为5.5%、4.2%、6.6%、5.0%、3.8%、5.7%。可见，部分小学生的心理健康问题比较严重。

表 2　CBCL 各因子 T 分数段的人数及比例

单位：人，%

	T≤60 分	60<T≤70 分	T>70 分	缺失
8 个因子				
焦虑/抑郁	2773（82.5）	425（12.6）	140（4.2）	23（0.7）
退缩/抑郁	3021（89.9）	134（4.0）	187（5.6）	19（0.6）
躯体主诉	2977（88.6）	162（4.8）	192（5.7）	30（0.9）
社交问题	2906（86.5）	269（8.0）	165（4.9）	21（0.6）
思维问题	2909（86.6）	263（7.8）	138（4.1）	51（1.5）
注意力问题	2810（83.6）	373（11.1）	159（4.7）	19（0.6）
违纪行为	2994（89.1）	143（4.3）	174（5.2）	50（1.5）
攻击行为	2811（83.6）	355（10.6）	160（4.8）	35（1.0）
6 个因子				
抑郁问题	2805（83.5）	341（10.1）	185（5.5）	30（0.9）
焦虑问题	2852（84.9）	348（10.4）	140（4.2）	21（0.6）
躯体问题	3116（92.7）	0（0）	221（6.6）	24（0.7）
注意力缺陷	2877（85.6）	304（9.0）	169（5.0）	11（0.3）
对立违抗行为	2699（80.3）	525（15.6）	129（3.8）	8（0.2）
品行问题	2835（84.3）	285（8.5）	191（5.7）	50（1.5）

（二）CBCL 各因子得分的人口学变量差异

1. CBCL 各因子得分的性别差异

由表3、表4可知，从 CBCL 的 8 个因子看，男女生的退缩/抑郁、社交问题、思维问题、注意力问题、违纪行为和攻击行为得分存在显著差异（$ps \leq 0.001$），表现为男生得分高于女生（见图1）。从 CBCL 的 6 个因子看，男女生的抑郁问题、注意力缺陷、对立违抗行为和品行问题得分存在显著差异

（$ps<0.01$），均表现为男生得分高于女生（见图2）。

表3 不同性别小学生在 CBCL 量表 8 个因子上的差异

	焦虑/抑郁	退缩/抑郁	躯体主诉	社交问题	思维问题	注意力问题	违纪行为	攻击行为
男	1.74±2.32	1.44±1.77	0.97±1.56	2.21±2.33	1.54±2.12	3.86±3.15	1.55±1.85	4.38±4.11
女	1.63±2.10	1.23±1.58	0.96±1.45	1.95±2.00	1.24±1.73	3.05±2.89	1.10±1.44	3.56±3.33
t	1.42	3.58***	0.31	3.44***	4.55***	7.75***	7.98***	6.40***

注：*$p<0.05$，**$p<0.01$，***$p<0.001$。

表4 不同性别小学生在 CBCL 量表 6 个因子上的差异

	抑郁问题	焦虑问题	躯体问题	注意力缺陷	对立违抗行为	品行问题
男	1.82±2.16	1.76±1.89	0.29±0.88	3.70±2.88	2.32±1.78	1.32±2.06
女	1.60±1.92	1.65±1.71	0.28±0.81	2.89±2.55	1.92±1.55	0.82±1.42
t	3.11**	1.72	0.24	8.66***	6.95***	8.24***

注：*$p<0.05$，**$p<0.01$，***$p<0.001$。

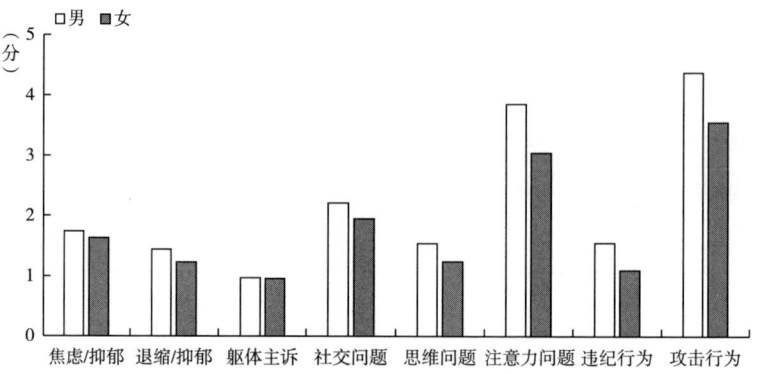

图1 男女生在 CBCL 8 个因子上的得分

2. CBCL 各因子得分的年龄差异

使用单因素方差分析比较不同年龄组儿童的得分差异，结果表明，不同年龄组儿童仅在 8 个因子中的焦虑/抑郁维度上得分存在显著差异（$F=2.80$，$p<0.05$），具体表现为 6~7 岁儿童的焦虑/抑郁得分显著高于 8 岁儿

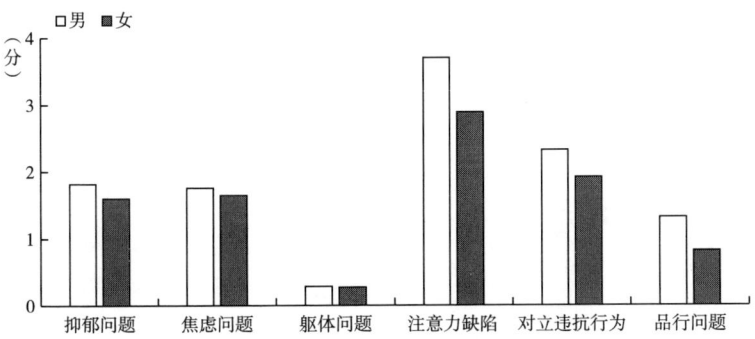

图 2　男女生在 CBCL 6 个因子上的得分

童（$ps<0.05$）。不同年龄组儿童在 6 个因子中的焦虑问题上存在显著差异（$F=2.72$，$p<0.05$），具体表现为 6~7 岁儿童的焦虑得分显著高于 8 岁儿童（$ps<0.05$）。不同年龄组儿童在注意力缺陷上的得分差异边缘显著（$F=2.30$，$p=0.057$），进一步分析表明，6 岁儿童的注意力缺陷问题显著高于 7 岁和 8 岁儿童（$ps<0.05$）。

3. CBCL 各因子得分的年级差异

使用独立样本 t 检验比较一年级和二年级学生在 CBCL 各因子上的得分差异。对 CBCL 的 8 因子分析结果表明，两个年级学生在焦虑/抑郁维度上存在显著差异（$t=3.30$，$p\leqslant0.001$），一年级学生（$M=1.79$，$SD=2.27$）的焦虑/抑郁得分大于二年级学生（$M=1.54$，$SD=2.14$）。两个年级学生的违纪行为得分差异边缘显著（$t=1.91$，$p=0.057$），表现为一年级学生（$M=1.39$，$SD=1.66$）的违纪行为得分高于二年级学生（$M=1.28$，$SD=1.73$）。对 CBCL 的 6 因子分析结果表明，不同年级学生的焦虑问题存在显著差异（$t=2.57$，$p\leqslant0.01$），表现为一年级学生（$M=1.78$，$SD=1.86$）焦虑问题得分显著高于二年级（$M=1.62$，$SD=1.74$）（见图 3）。

（三）CBCL 各因子得分的父母婚姻状况差异

CBCL 的 8 因子分析显示，不同父母婚姻状况的小学生在所有因子上均

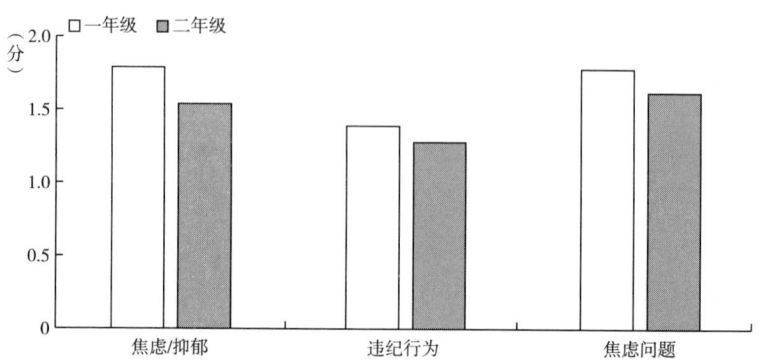

图 3　一至二年级小学生的焦虑/抑郁、违纪行为与焦虑问题得分差异

存在显著差异（$ps<0.05$）。婚姻存续但夫妻不和家庭中儿童的焦虑/抑郁得分显著高于婚姻存续且夫妻和睦家庭的儿童（$p<0.05$）。婚姻存续但夫妻不和家庭中儿童的退缩/抑郁得分显著高于父母离异与婚姻存续且夫妻和睦家庭的儿童（$ps<0.05$）。婚姻存续但夫妻不和与父母有一方去世家庭中儿童的躯体主诉得分显著高于婚姻存续且夫妻和睦家庭的儿童（$ps<0.05$）。父母有一方去世家庭中儿童的社交问题得分显著高于父母离异与婚姻存续且夫妻和睦家庭的儿童（$ps<0.05$），婚姻存续但夫妻不和家庭中儿童的社交问题得分显著高于父母离异与婚姻存续且夫妻和睦家庭的儿童（$ps<0.05$）。婚姻存续但夫妻不和家庭中儿童的思维问题得分显著高于父母离异与婚姻存续且夫妻和睦家庭的儿童（$ps<0.05$），父母有一方去世家庭中儿童的思维问题得分显著高于婚姻存续且夫妻和睦家庭的儿童（$p<0.05$）。婚姻存续但夫妻不和家庭中儿童的注意力问题得分显著高于父母离异与婚姻存续且夫妻和睦家庭的儿童（$ps\leqslant0.001$），父母有一方去世与婚姻存续且夫妻和睦家庭中儿童的注意力问题得分差异边缘显著（$p=0.06$）。父母有一方去世家庭中儿童的违纪行为得分显著高于其他三种家庭的儿童，婚姻存续但夫妻不和家庭中儿童的违纪行为得分显著高于父母离异与婚姻存续且夫妻和睦家庭的儿童（$ps<0.05$）。婚姻存续但夫妻不和家庭中儿童的攻击行为得分显著高于父母离异与婚姻存续且夫妻和睦家庭的儿童（$ps<0.001$），父母有一方去世家庭中儿

童的攻击行为得分显著高于婚姻存续且夫妻和睦家庭的儿童（$p<0.05$）。

CBCL 的 6 因子分析显示，不同父母婚姻状况的小学生在所有因子上均存在显著差异（$ps<0.05$）。父母离异与婚姻存续但夫妻不和家庭中儿童的抑郁问题、焦虑问题、注意力问题和对立违抗行为得分显著高于婚姻存续且夫妻和睦家庭的儿童（$ps<0.05$）。婚姻存续但夫妻不和家庭中儿童的躯体问题得分显著高于婚姻存续且夫妻和睦家庭的儿童（$p<0.05$）。婚姻存续且夫妻和睦家庭中儿童的品行问题得分显著低于其他三种家庭的儿童（$ps<0.05$），父母有一方去世和婚姻存续但夫妻不和家庭中儿童的品行问题得分显著高于父母离异家庭的儿童（$ps<0.01$）。具体信息见表5、表6和图4、图5。

表 5　父母婚姻状况不同的小学生在 CBCL 量表 8 个因子上的得分差异

	焦虑/抑郁	退缩/抑郁	躯体主诉	社交问题	思维问题	注意力问题	违纪行为	攻击行为
父母有一方去世	2.45±4.06	2.09±2.98	1.91±3.36	3.82±3.74	2.73±4.29	5.18±3.82	3.45±5.22	6.60±6.54
父母离异	2.03±2.56	1.57±1.70	1.10±1.81	2.26±2.18	1.66±2.16	3.82±3.19	1.56±2.13	4.48±4.08
婚姻存续但夫妻不和	2.50±2.53	2.33±2.39	1.56±1.94	3.70±2.52	2.53±2.34	5.60±3.89	2.37±2.50	7.43±6.04
婚姻存续且夫妻和睦	1.66±2.19	1.32±1.67	0.95±1.48	2.06±2.17	1.38±1.93	3.45±3.03	1.32±1.63	3.94±3.72
F	3.36*	6.21***	3.93**	10.04***	6.99***	8.21***	11.42***	13.49***

注：$*p<0.05$，$**p<0.01$，$***p<0.001$。

表 6　父母婚姻状况不同的小学生在 CBCL 量表 6 个因子上的得分差异

	抑郁问题	焦虑问题	躯体问题	注意力缺陷	对立违抗行为	品行问题
父母有一方去世	2.73±3.77	2.55±2.91	0.73±2.10	4.27±3.04	2.91±1.81	3.10±5.69
父母离异	2.08±2.09	2.10±2.26	0.38±1.00	3.72±2.97	2.28±1.84	1.43±2.89
婚姻存续但夫妻不和	2.45±2.81	2.68±2.14	0.59±1.09	5.08±3.60	3.55±2.54	2.62±3.16

续表

	抑郁问题	焦虑问题	躯体问题	注意力缺陷	对立违抗行为	品行问题
婚姻存续且夫妻和睦	1.70±2.03	1.68±1.78	0.27±0.83	3.29±2.74	2.12±1.66	1.05±1.73
F	3.99**	6.73***	3.34*	6.78***	10.62***	15.41***

注：*$p<0.05$，**$p<0.01$，***$p<0.001$。

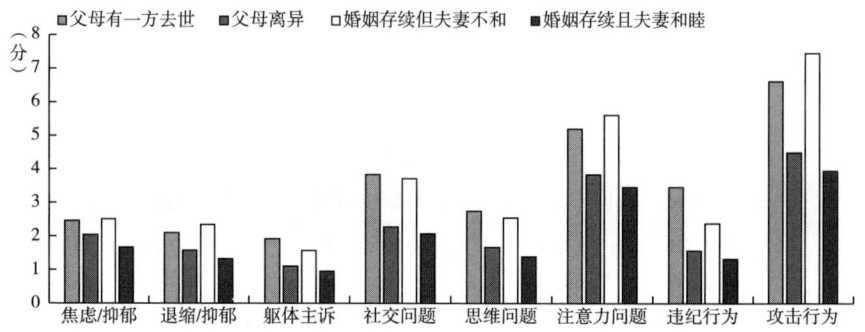

图4 不同父母婚姻状况的小学生在 CBCL 8 个因子上的得分

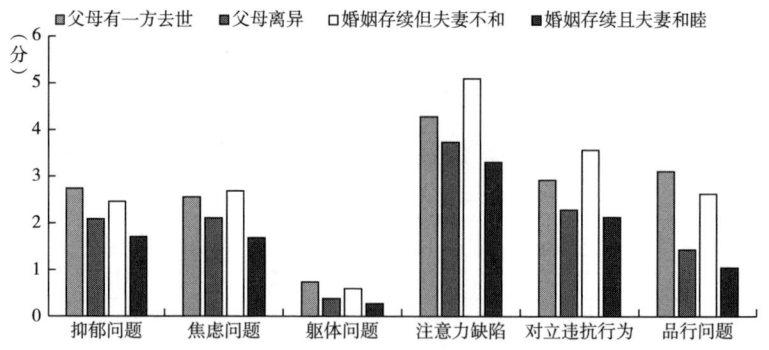

图5 不同父母婚姻状况的小学生在 CBCL 6 个因子上的得分

（四）CBCL 各因子得分的家庭经济状况差异

CBCL 的 8 因子分析显示，不同家庭收支比的儿童在 CBCL 各因子上均存在显著差异（$ps<0.01$）。进一步分析表明，过去五年内家庭收支比在 0.5

以下、0.5~1、1~2 三组儿童的焦虑/抑郁得分显著高于 2~5 的儿童，过去五年内家庭收支比在 0.5~1 的儿童焦虑/抑郁得分显著高于 5 以上和不清楚两组儿童（$ps<0.05$）。过去五年内家庭收支比在 0.5 以下、0.5~1、1~2 与不清楚四组儿童的退缩/抑郁得分显著高于 2~5 与 5 以上的儿童（$ps<0.05$）。过去五年内家庭收支比在 0.5~1、1~2 与不清楚三组儿童的躯体主诉、社交问题得分显著高于 2~5 与 5 以上两组儿童（$ps<0.05$）。过去五年内家庭收支比在 0.5~1、1~2 与不清楚三组儿童的思维问题得分显著高于 2~5 与 5 以上两组儿童（$ps<0.05$），比率在 0.5 以下儿童的思维问题得分显著高于 5 以上组儿童（$p<0.05$）。过去五年内家庭收支比在 0.5 以下、0.5~1、1~2 与不清楚四组儿童的注意力问题得分显著高于 2~5 与 5 以上两组儿童（$ps\leq0.05$），过去五年内家庭收支比在 0.5 以下、0.5~1 两组儿童的注意力问题得分显著高于 1~2 的儿童（$ps\leq0.05$）。过去五年内家庭收支比在 0.5~1 的儿童违纪行为得分显著高于其他组儿童（$ps\leq0.05$），家庭收支比在 1~2 和不清楚的儿童违纪行为得分显著高于 2~5 的儿童（$ps<0.05$）。过去五年内家庭收支比在 0.5~1、1~2 与不清楚三组儿童的攻击行为得分显著高于 2~5 与 5 以上两组儿童（$ps<0.05$），家庭收支比在 0.5 以下儿童的攻击行为得分显著高于 5 以上的儿童（$p<0.05$）。

CBCL 的 6 因子分析显示，除了对立违抗行为，不同家庭收支比儿童在 CBCL 其他因子上均存在显著差异（$ps<0.05$）。过去五年内家庭收支比在 0.5 以下、0.5~1 与不清楚三组儿童的抑郁问题得分显著高于 2~5 与 5 以上两组儿童（$ps<0.05$），收支比在 1~2 组儿童的抑郁问题得分显著高于 2~5 的儿童（$p<0.05$）。过去五年内家庭收支比在 0.5 以下、0.5~1、1~2 与不清楚四组儿童的焦虑问题得分显著高于 2~5 的儿童（$ps<0.05$），收支比在 0.5~1 组儿童的焦虑问题得分显著高于 5 以上和不清楚两组儿童（$ps<0.05$）。过去五年内家庭收支比在 0.5~1、1~2 与不清楚三组儿童的躯体问题得分显著高于 2~5 与 5 以上两组儿童（$ps<0.05$）。过去五年内家庭收支比在 0.5 以下、0.5~1、1~2 与不清楚四组儿童的注意力缺陷得分显著高于 2~5 与 5 以上两组儿童（$ps<0.05$）。过去五年内家庭收支比在 0.5 以下、

0.5~1、1~2 与不清楚四组儿童的品行问题得分显著高于 2~5 组儿童（$ps<0.05$），收支比在 0.5~1 组儿童的品行问题得分显著高于 5 以上和不清楚两组儿童（$ps<0.05$）。具体信息见表 7、表 8。

表 7　不同家庭收支比的小学生在 CBCL 量表 8 个因子上的得分差异

	焦虑/抑郁	退缩/抑郁	躯体主诉	社交问题	思维问题	注意力问题	违纪行为	攻击行为
0.5 以下	1.75±2.35	1.42±1.71	0.93±1.57	2.06±2.22	1.36±1.82	3.85±3.33	1.27±1.54	4.03±3.52
0.5~1	1.95±2.38	1.47±1.85	1.11±1.63	2.32±2.40	1.55±2.14	3.77±3.22	1.54±1.80	4.36±4.03
1~2	1.74±2.29	1.38±1.71	0.99±1.59	2.16±2.24	1.47±2.02	3.44±2.96	1.37±1.74	4.14±3.99
2~5	1.40±1.84	1.06±1.40	0.78±1.24	1.78±1.85	1.17±1.65	2.95±2.68	1.14±1.41	3.59±3.34
5 以上	1.46±1.89	0.99±1.31	0.72±1.06	1.68±1.76	0.97±1.47	2.92±2.73	1.10±1.38	3.16±3.19
不清楚	1.64±2.21	1.40±1.72	0.99±1.52	2.12±2.19	1.44±2.02	3.58±3.11	1.37±1.77	4.01±3.84
F	3.62**	4.93***	3.26**	4.28***	3.72**	5.94***	3.65**	3.81**

注：*$p<0.05$，**$p<0.01$，***$p<0.001$。

表 8　不同家庭收支比的小学生在 CBCL 量表 6 个因子上的得分差异

	抑郁问题	焦虑问题	躯体问题	注意力缺陷	对立违抗行为	品行问题
0.5 以下	1.82±2.11	1.72±1.92	0.27±0.86	3.56±2.92	2.17±1.70	1.10±1.67
0.5~1	1.91±2.24	1.93±1.94	0.34±0.89	3.52±2.82	2.25±1.66	1.29±2.04
1~2	1.71±2.08	1.76±1.83	0.30±0.91	3.35±2.81	2.15±1.79	1.12±1.87
2~5	1.46±1.71	1.41±1.46	0.19±0.66	2.84±2.50	2.04±1.58	0.84±1.35
5 以上	1.37±1.58	1.51±1.60	0.15±0.51	2.87±2.56	1.83±1.57	0.92±1.42
不清楚	1.76±2.09	1.71±1.85	0.30±0.88	3.43±2.77	2.16±1.68	1.09±1.90
F	3.57**	4.64***	2.51*	4.88***	1.90	3.34**

注：*$p<0.05$，**$p<0.01$，***$p<0.001$。

四　现状与建议

本次调查发现，CBCL 的各因子中，T 分数在 60~70 分的小学生占比为 0~15.6%，T 分数在 70 分以上的小学生占比为 3.8%~6.6%。CBCL 的 8 因子分析显示，男生的退缩/抑郁、社交问题、思维问题、注意力问题、违纪行为和攻击行为得分显著高于女生。一年级学生的焦虑/抑郁得分显著高于二年级。6~7岁儿童的焦虑/抑郁得分显著高于8岁儿童。不同父母婚姻状况和家庭收支比的小学生在所有8个因子上均存在显著差异。CBCL的6因子分析显示，男生的抑郁问题、注意力缺陷、对立违抗行为和品行问题得分显著高于女生。一年级学生的焦虑问题得分显著高于二年级。6~7岁儿童的焦虑问题得分显著高于8岁儿童。不同父母婚姻状况的小学生在6个因子上均存在显著差异。不同家庭收支比的儿童在抑郁问题、焦虑问题、躯体问题、注意力缺陷和品行问题上均存在显著差异。识别儿童的心理健康问题及其风险因素对提供心理健康服务至关重要，家长及教育工作者应从以下几个方面入手，提升儿童的心理健康水平。

（一）一至二年级小学生的心理与行为问题

本次调查发现，部分小学生存在严重的心理健康问题。一年级学生的焦虑/抑郁得分显著高于二年级。6~7岁儿童的焦虑/抑郁得分显著高于8岁儿童。一年级学生从幼儿园进入接受正规教育的环境，可能存在一定的适应问题，导致较高的焦虑/抑郁得分。男生的CBCL多因子分析得分高于女生，这与前人的研究一致。例如，Liu等人（1999）研究认为，男生与女生的行为问题发生率之比为1.5∶1。

一项对1022名肯尼亚6~18岁儿童和青少年的研究发现，使用CBCL测得的临界和临床心理与行为问题发生率为27%和17%，在临床水平上，儿童和青少年在CBCL的焦虑/抑郁、退缩/抑郁、躯体主诉、社交问题、思维问题、注意力问题、违纪行为和攻击行为发生率分别为5.1%、4.9%、11.8%、7.0%、10.5%、2.3%、6.1%和2.5%（Magai et al., 2018）。一项对四川省19711名6~16岁儿童和青少年采用CBCL的调查发现，19.12%的学生存在行为问题（Qu et al., 2015）。其他使用CBCL的国内研究发现，6~11儿童行为问题检出率为9.4%（汪丙芮等，2020）。不同研究报告的行为问题发生率不同，可能与被试群体的年龄差异、文化差异以及计分标准不同有关。

本次调查发现，T分数在70分以上的小学生占比为3.8%~6.6%，部分低年级学生已经开始出现各种行为问题，家长及教师应及时关注学生问题，减少其对儿童后期发展造成的不良影响。

（二）重视家庭环境给儿童带来的影响

本次调查发现，父母有一方去世、婚姻存续但夫妻不和、父母离异给儿童带来的心理与行为问题多于婚姻存续且夫妻和睦家庭的儿童。与多数研究一致，早期的压力和家庭冲突会对儿童发展造成不良影响。例如，国外一项对4000多名儿童及家庭的追踪研究发现，若儿童幼年时父母的婚姻关系不好或者破裂，儿童在青春期出现焦虑、抑郁的风险会增加。此外，其他研究发现，与受监护的儿童相比，不受监护的儿童更容易遭受来自同龄人和成人的敌意和低质量的社会交往。父母的情绪表达也与儿童的情绪调节和行为能力有关，家庭中普遍的积极或消极情绪会通过情绪感染诱发儿童的情绪，有证据表明，母亲的情绪表达能力能预测儿童两年后的控制能力。因此，家长应积极参与儿童的成长，给儿童营造和谐的家庭氛围。

理论和实证研究都表明，家庭关系对儿童的心理健康有重要影响。格里奇（Grych）和芬查姆（Fincham）（1990）提出的认知情境框架可以解释婚姻关系对儿童心理健康的影响。这一理论认为，父母之间的冲突，包括冲突的强度、冲突的内容、冲突的持续时间以及冲突的最终解决，都会影响孩子对情境的感知。儿童的认知加工和应对策略是建立在冲突特征和情境因素的基础上的，在认知加工的基础上，儿童会产生一定的情绪反应。父母之间的冲突常常使孩子感到压力，危及孩子的心理健康，夫妻之间若能形成和谐的婚姻关系，儿童的心理健康水平会得到提高。家庭系统理论也为理解家庭关系及其对家庭成员发展的影响提供了一个全面的视角。这一理论关注家庭亲子关系发展过程中体现的心理和行为背后的动机，着眼于改善家庭成员的情感表达方式，以此推动家庭系统的积极发展。家庭系统理论认为，家庭是一个基本的情绪单位，在相互作用中个体表现出的情绪和家庭成员有复杂的联系。基于这一理论，父母不良的婚姻关系会影响亲子关系，从而破坏整个家庭系统，最终导致儿童的心理健康问题。

总之，小学阶段是儿童身心发展的一个重要阶段，家庭环境对儿童的影响尤为重要。如果父母处于婚姻冲突中，会降低他们对孩子需求的敏感性，对亲子沟通表现出更多的负面反应，这进一步增加了孩子出现心理健康问题的可能性。因此，作为家长首先要能够正确认识自己的情绪并学会管理情绪，避免将自己的消极情绪传导给孩子。要提高夫妻间正确沟通的技巧，掌握处理冲突的恰当方法，尽力为孩子营造良好的生活氛围。在家庭压力无法避免的情况下，家长也可以通过引导儿童形成合理的认知来减少对儿童的负面影响。

（三）关注家庭经济水平对儿童的影响

本次调查发现，家庭收支比较低的儿童有更高的情绪和行为问题的风险。这一结果与以往多数研究一致。有研究发现，较低的社会经济地位与更多的情绪、行为、多动/注意力不集中和同伴问题有关。累积压力视角表明，与较富裕的同龄人相比，处境不利家庭的儿童面临更多的混乱、不可预测性和不稳定性（Bøe et al.，2018）。回顾社会经济地位和儿童心理健康的一篇综述文章介绍，55 项国际研究中有 52 项发现，至少有一种社会经济地位的标志物与心理健康问题呈负相关，来自经济条件不利家庭的儿童比来自社会经济条件优越的同龄人发生心理健康问题的可能性高出二至三倍（Reiss，2013）。本次调查结果也显示，对于低年级的小学生来说，经济因素对儿童心理与行为问题的影响已经达到显著水平。因此，父母应该关注家庭经济水平给儿童带来的不良影响。

对家庭经济水平的调查也存在一些局限。采用过去五年内家庭总收入与总支出的比率这一调查指标，对家长来说可能存在一定困难，导致31.7%的家长选择了"不清楚"，对本次调查结果的全面性有一定影响。总之，贫困可能会将个体置于压力的环境中，父母对儿童的投资也较少，不利于儿童的发展。父母除了提升家庭经济水平外，还可以通过为孩子提供支持性的养育，帮助儿童掌握自我调节策略来减少心理与行为问题的发生，促进儿童健康发展。

（四）干预措施

对儿童早期的心理行为问题进行干预可以有效减少成人期精神疾病及犯罪的发生，国外已经开发了一些可以对儿童进行干预的项目。例如，早期的佩里计划（perry program），佩里课程基于积极参与学习的原则，在学习过程中，儿童和成人被视为平等的伙伴，旨在培养儿童计划、执行、评估任务的能力以及社交技能，包括与他人的合作和人际冲突的解决能力。佩里课程持续 2.5 小时，每周进行 5 天，该项目的所有教师至少拥有学士学位，每周对治疗组的母亲进行 1.5 小时的家访，让母亲参与孩子的社会情感发展。纵向研究发现，佩里计划显著改善了外化行为，包括攻击性、反社会和违纪行为，还提高了儿童步入成年期后的教育、就业、收入和婚姻水平。社区心理健康的早期干预和评估（REACH）是新加坡广泛实施的一个社区服务项目，REACH 项目主要为学校提供服务，并为学校辅导员推荐的心理健康问题学生提供评估和适当干预。他们还与 VWOs（提供福利服务和/或帮助社区服务的非营利组织）合作，为这些学生及其家庭提供服务。在 2007~2015 年接受服务的 4000 多名学生中，学生的行为问题、情绪问题、多动行为、同伴问题以及亲社会行为在 6 个月后显著改善。此外，还有研究者开发了儿童正念认知疗法（MBCT-C）、亲子互动训练（PCIT）、基于互联网的抑郁症预防计划（CATCH-IT）等，来改善儿童的心理健康状况。

近年来，国内也对加强心理健康服务体系建设提出了各种要求。例如，在中小学设立心理辅导室，并配备专职或兼职教师，培养学生积极乐观、健康向上的心理品质，促进学生身心可持续发展，积极创建心理健康教育特色学校。各级各类学校要建立以专职心理健康教育教师为核心，以班主任和兼职教师为骨干，全体教职员工共同参与的心理健康教育工作机制。在日常教育教学活动中融入适合学生特点的心理健康教育内容。要加强与村（社区）联动，及时了解遭受欺凌、校园暴力、家庭暴力、性侵犯以及沾染毒品等的学生情况，并提供心理创伤干预。要创新和完善心理健康服务提供方式，通过"校社合作"引入社会工作服务机构或心理服务机构，为师生提供专业化、个性化的心理健康服务等。总之，家长及教育工作者应关注儿童的心理与行为问题，及时针对儿童的心理问题采取各项措施，以减少其对儿童发展造成的影响。

参考文献

胡庆菊，梁炜明，张彦琳，张雪娴，陈漫施，刑亮…罗辉．（2019）．东莞地区小学生心理健康状况调查报告．中国健康心理学杂志，（6），923-928.

汪丙芮，张敬悬，刘金同，王汝展，王延祜，陈修哲…杨秀成．（2020）．山东省6~11岁儿童行为问题与家庭成员应对方式的相关性研究．精神医学杂志，（4），259-264.

Abdolahzadeh, Z., Bigdeli, I., & Mashhadi, A. (2018). The prevalence of behavioral problems among primary school children in outskirts of mashhad city iran. Iranian journal of psychiatry and behavioral sciences, 12 (2). doi：10.5812/ijpbs.10050.

Achenbach, T. M., & Ruffle, T. M. (2000). The Child Behavior Checklist and related forms for assessing behavioral/emotional problems and competencies. Pediatrics in review, 21 (8), 265-271. doi：10.1542/pir.21-8-265.

Bøe, T., Serlachius, A. S., Sivertsen, B., Petrie, K. J., &Hysing, M. (2018). Cumulative effects of negative life events and family stress on children's mental health：the bergen child study. Social psychiatry and psychiatric epidemiology, 53 (1), 1-9. doi：10.1007/s00127-017-1451-4.

Frizzo, G. B., Pedrini, J. R., de Souza, D. S., Bandeira, D. R., &Borsa, J. C. (2015). Reliability of Child Behavior Checklist and teacher's report form in a sample of Brazilian children. Universitas psychologica, 14 (1), 149-156.

Ghandour, R. M., Sherman, L. J., Vladutiu, C. J., Ali, M. M., Lynch, S. E., Bitsko, R. H., & Blumberg, S. J. (2019). Prevalence and treatment of depression, anxiety, and conduct problems in US children. Journal of pediatrics, 206. doi: 10.1016/j.jpeds.2018.09.021.

Grych, J. H., & Fincham, F. D. (1990). Marital conflict and children's adjustment: a cognitive-contextual framework. Psychological bulletin, 108, 267-290.

Huang, C. (2017). Cross-informant agreement on the child behavior checklist for youths: a meta-analysis. Psychological reports, 120 (6), 1096-1116. doi: 10.1177/0033294117717733.

Kieling, C., Baker-Henningham, H., Belfer, M., Conti, G., & Rahman, A. (2011). Child and adolescent mental health worldwide: evidence for action. Lancet, 378 (9801), 1515-1525.

Lansford, J. E. (2009). Parental Divorce and Children's Adjustment. Perspectives on psychological science, 4 (2), 140-152. doi: 10.1111/j.1745-6924.2009.01114.x.

Liu X,, KuritaH,, Guo C, ⋯ & Cao H. (1999). Prevalence and risk factors of behavioral and emotional problems among Chinese children aged 6 through 11 years. Journal of the American academy of child and adolescent psychiatry, 38 (6).

Magai, D. N., Malik, J. A., & Koot, H. M. (2018). Emotional and behavioral problems in children and adolescents in central kenya. Child psychiatry & human development, 49 (4), 659-671. doi: 10.1007/s10578-018-0783-y.

Qu, Y., Jiang, H., Zhang, N., Wang, D., & Guo, L. (2015). Prevalence of mental disorders in 6-16-year-old students in Sichuan province, China. International journal of environmental research and public health, 12 (5), 5090-5107. doi: 10.3390/ijerph120505090.

Reiss, F. (2013). Socioeconomic inequalities and mental health problems in children and adolescents: a systematic review. Social science & medicine, 90, 24-31. doi: 10.1016/j.socscimed.2013.04.026.

Slopen, N., Fitzmaurice, G., Williams, D. R., & Gilman, S. E. (2010). Poverty, food insecurity, and the behavior for childhood internalizing and externalizing disorders. Journal of the American academy of child and adolescent psychiatry, 49 (5), 444-452. doi: 10.1016/j.jaac.2010.01.018.

Storksen, I., Roysamb, E., Moum, T., &Tambs, K. (2005). Adolescents with a childhood experience of parental divorce: a longitudinal study of mental healthand adjustment. Journal of adolescence, 28 (6), 725-739. doi: 10.1016/j.adolescence.2005.01.001.

Tullius, J. M., De Kroon, M. L. A., Almansa, J., &Reijneveld, S. A. (2021) Adolescents' mental health problems increase after parental divorce, not before, and persist until adulthood: a longitudinal TRAILS study. European child & adolescent psychiatry, 10. doi: 10.1007/s00787-020-01715-0.

Tyson, E. H., Teasley, M., & Ryan, S. (2011). Using the Child Behavior Checklist with African American and Caucasian American adopted youth. Journal of emotional and behavioral disorders, 19 (1), 17-26. doi: 10.1177/1063426609357760.

心理与行为问题及其与学习成绩的关系

摘　要：学生心理健康水平与学习成绩的关系逐渐受到研究者的重视。为了解郑州市一至二年级小学生的心理健康状况与学习成绩的关系，研究团队采用长处和困难问卷（Strengths and Difficulties Questionnaire，SDQ）、PROMIS抑郁量表、儿科症状量表（Pediatric Symptom Checklist-17，PSC-17）和父母压力指数问卷简版（Parenting Stress Index-Short Form，PSI-SF-15）对918名一至二年级小学生进行调查，并收集了其语文和数学成绩（寒假期末成绩）。结果发现，通过SDQ量表测量的情绪症状、多动、同伴交往问题与语文成绩和数学成绩呈显著负相关。抑郁量表得分与学生的语文成绩和数学成绩呈显著负相关。从PSC量表看，注意力问题、内化问题和外化问题以及总分都与学生的语文成绩和数学成绩呈显著负相关。从父母压力指数量表看，亲子互动失调、困难儿童两个维度与学生的语文成绩和数学成绩呈显著负相关，育儿压力与小学生的数学成绩呈显著负相关。将各量表维度转化为T分数进行分组比较，结果发现，SDQ量表、PSC量表、抑郁量表以及PSI量表测评的不同程度的心理问题与养育压力对小学生语文和数学成绩有影响，表现为心理与行为问题较多的学生语文和数学成绩较低。未来可以尝试通过提升学生的心理健康水平来改善其学习成绩。

关键词：学习成绩；心理健康水平；育儿压力

一 引言

小学阶段是儿童发展的重要时期。这一阶段小学生的情绪、认知能力迅速发展。儿童行为习惯的养成、规则意识的培养、人际交往模式的形成以及人格的成长都在小学阶段奠定基础。随着儿童进入小学，学习逐渐取代游戏成为其主导活动。学习成绩开始成为衡量学生学习效果和学习能力的重要指标。

心理与行为问题是影响儿童心理健康和学业成绩的因素之一。来自世界各国的大量研究表明，儿童和青少年的心理健康与学习成绩存在显著关系。横向和纵向研究都发现，有心理健康问题的儿童更可能面临较差的教育结果，包括成绩差、阅读延迟、留级、辍学率高以及更低的教育成就（Breslau et al.，2008；Fleming et al.，2004；Kantomaa et al.，2010）。对智利11000多名小学生的一项全国性研究发现，采用标准化的教师和父母筛查工具评估得出的一年级学生心理健康水平，是3年后学生语言、数学和科学成绩测试最强的预测因素之一（Guzman et al.，2011）。后续研究也发现，一年级到三年级心理健康水平有所改善的学生比心理健康水平没有改善或恶化的学生在学业上取得了更大的进步（Murphy et al.，2015）。对澳大利亚8~9岁儿童的研究也发现，有行为问题和同伴问题的儿童在阅读方面的得分较低，有多动症或注意力不集中的儿童在计算方面的得分较低（Mundy et al.，2017）。国内研究也有类似的发现。例如，对安徽省1540名6~13岁儿童的研究发现，品行问题、多动、不注意—被动、多动指数与儿童的语文和数学成绩均呈显著的负相关关系（李成福等，2005）。这些研究表明，有情绪和行为问题的儿童有更高的学业失败风险。

此外，小学生的学习成绩容易受到家庭环境因素的影响。研究发现，父母压力会损害儿童的心理健康，并对儿童的发展和社会适应有显著的影响。例如，切卡等人（Checa et al.，2019）考察了父母教养方式和行为问题对小学生学业成绩的影响，结果发现，行为问题和敏感的父母教养方式与学业成绩相关。具体来说，这项研究发现，注意力问题和母亲敏感的养育方式是学业成绩的重要预测因素。其他研究则发现，在父母养育方式中，适当的自主性和温暖关怀会促进学业进步，而缺乏一致性或无效限制与较低的学业成绩有关（Checa & Abundis-Gutierrez，2017；Masud et al.，2015；Osorio & Gonzalez-Camara，2016）。

鉴于小学阶段是心理发展的关键阶段，步入小学后学习成绩逐渐成为衡量小学生在校表现的一个重要方面。因此，对于以学习为主要活动的小学生来说，研究心理与行为问题和学业成绩的关系具有重要的现实意义。虽然国内研究者李成福等（2005）曾经探讨过心理与行为问题和学业成绩的关系，但是，他们的研究首先邀请教师采用单一问卷对学生进行评定，然后邀请儿童保健专家对教师评定中发现的有心理与行为问题的学生再次进行评估。这种做法除了耗时外，并没有将研究对象按照年级高低区分。因此，本次调查采用了 SDQ 量表、抑郁量表、PSC 量表，请父母评估小学低年级学生的心理与行为问题，并请父母评估了自身的教养压力，从以上方面探究小学生心理健康和学习成绩之间的关系。

二 调查对象与方法

（一）研究对象

采用整群抽样的方法，发放线上问卷链接，组织学生家长网上填写问卷。共收集郑州市一至二年级小学生问卷 918 份。小学生年龄范围在 6~9 岁，男生 504 人（占比 54.9%），一年级学生 480 人（占比 52.3%）。调查对象基本信息见表 1。

表 1 调查对象基本情况

项目	组别	人数（人）	百分比（%）
性别	男	504	54.90
	女	414	45.10

续表

项目	组别	人数（人）	百分比（%）
年龄	6岁	41	4.47
	7岁	433	47.17
	8岁	366	39.87
	9岁	34	3.70
	缺失	44	4.79
年级	一年级	480	52.29
	二年级	438	47.71
家庭居住地	村	88	9.59
	地级市政府所在地	30	3.27
	省会/直辖市	699	76.14
	县/区政府所在地	77	8.39
	乡镇政府所在地	24	2.61
父母的婚姻状态	父母有一方去世	3	0.33
	婚姻存续但夫妻不和包括分居	10	1.09
	婚姻存续且夫妻和睦	872	94.99
	离异	33	3.59
过去五年家庭总收入与总支出的比率	0.5以下	71	7.73
	0.5~1	142	15.47
	1~2	231	25.16
	2~5	129	14.05
	5以上	48	5.23
	不清楚	297	32.35
从孩子出生到现在，母亲外出打工或工作（不在家住）的总时长	小于半年	764	83.22
	半年至一年	45	4.90
	一年至三年	32	3.49
	三至五年	22	2.40
	五至十年	9	0.98
	十年以上	4	0.44
	不清楚	42	4.58

续表

项目	组别	人数（人）	百分比（%）
从孩子出生到现在，父亲外出打工或工作（不在家住）的总时长	小于半年	639	69.61
	半年至一年	82	8.93
	一年至三年	74	8.06
	三至五年	41	4.47
	五至十年	39	4.25
	十年以上	7	0.76
	不清楚	36	3.92
从孩子出生到现在，父亲和母亲同时外出打工或工作（不在家住）的总时长	小于半年	768	83.66
	半年至一年	31	3.38
	一年至三年	25	2.72
	三至五年	23	2.51
	五至十年	12	1.31
	十年以上	5	0.54
	不清楚	54	5.88
孩子在家中的排序	独生子女	290	31.59
	第一（非独生）	385	41.94
	第二	220	23.97
	第三	16	1.74
	第四	2	0.22
	第五	5	0.54

（二）调查工具

1. 长处和困难问卷

长处和困难问卷（SDQ）是由心理学家古德曼（Goodman）根据《精神病诊断和统计手册-Ⅳ》和《精神与行为分类（第10版）》诊断标准专门设计和编制的。问卷分家长、老师和学生自评3个版本，分别由家长、老师和学生评定。本次采用了家长版,由家长根据对孩子的观察来评估孩子近半年的行为、情绪等方面的表现。SDQ共有25个条目,包括情绪症状、品行问题、多动、同伴交往问题和亲社会行为5个因子,前4个分量表构成困难总分,反映消极的情绪和行为问题,而亲社会行为分量表作为长处问卷,反映积极的行为。每个条目按0~2三级评分:0分=不真实,1分=有点真实,2分=完全真实,其中第7、11、14、21和25条这5个条目为反向计分,另外还有1个附加影响因子,包括"困难对孩子的困扰"和"对孩子造成的社会功能缺陷"2个条目,按0~2三级评分,均为正向计分。该问卷的Cronbach's α系数为0.65。

2. PROMIS抑郁量表

患者报告结局测量信息系统是症状和生活质量的自我测评标准化工具系统,包括生理、心理和社会健康三大模块。该测量系统通过问卷的形式收集患者报告的信息和主观感受,可作为临床治疗效果研究中的主要结局指标,也可用于普通人群中多种慢性疾病及健康状况的研究。本报告使用了PROMIS中的儿科抑郁症状简版,包括8个项目,要求家长评估儿童反映过去7天内与抑郁有关的情感和认知项目,使用1(从来没有)~5(几乎总是)的计分方式。本报告中该量表的Cronbach's α系数为0.86。

3. 儿科症状量表

儿科症状量表(Pediatric Symptom Checklist-17,PSC-17)是由加德纳(Gardner)及其同事使用探索性因素分析法从完整版PSC中的35个项目简化而来,包括3个方面:内化问题、外化问题和注意力问题。外化问题主要测量破坏性行为,如攻击性和多动症;内化问题衡量抑郁、担忧和焦虑感;注意力问题测量儿童的注意力缺陷,如容易分心。PSC采用0(从不)~2(经常)的计分方式,总分为三个分量表得分相加。分数越高,表明儿童有越多的心理和行为问题。本报告中该量表的Cronbach's α系数为0.87。

4. 父母压力问卷（简版）

父母压力指数量表（Parental Stress Index，PSI）最初由阿比丁（Abidin）开发，用于测量照顾者对养育压力的感知。最初由120个项目构成，包括儿童特征、父母特征和可选的压力生活事件三部分。通过一系列探索性因素分析，研究者形成了父母压力指数（简版），包括PSI-SF-36和PSI-SF-15，分别由36个项目和15个项目构成。本报告采用PSI-SF-15，包括育儿压力、亲子互动失调和困难儿童三个维度，每个项目采用1~5计分。PSI-SF-15在中国人样本中有良好的信效度。本量表的Cronbach's α系数为0.90。

5. 背景信息问卷

收集小学生及家长的基本人口学变量和家庭情况信息，包括年龄、性别、年级、家庭居住地、父母婚姻状况、家庭经济情况等内容。

（三）数据处理

采用SPSS 22.0对数据进行分析，采用描述性统计、独立样本t检验、单因素方差分析、相关分析等方法对调查数据进行统计分析。$p<0.05$，$p<0.01$或$p<0.001$，具有统计学意义。

三 调查结果

（一）小学生学习成绩的人口学变量差异

比较不同性别、不同年级内部不同年龄学生的语文和数学成绩差异，结果发现，男女生在语文和数学成绩上并无显著差异。不同年龄一年级学生在数学成绩上存在显著差异，7岁儿童的数学成绩显著高于6岁儿童（$p<0.05$）。语文成绩的差异边缘显著，具体表现为7岁儿童的语文成绩高于8岁儿童（$p=0.078$）。不同年龄二年级学生的语文和数学成绩均无显著差异（见表2、表3）。

表2 不同年龄一年级学生的成绩差异（$M \pm SD$）

		N	$M \pm SD$	F	p
语文成绩	6岁	28	93.13±6.96	2.46	0.087
	7岁	334	95.03±6.51		
	8岁	22	92.45±8.07		
数学成绩	6岁	38	94.55±5.26	3.80	0.023
	7岁	380	96.47±4.27		
	8岁	26	95.17±6.93		

表3 不同年龄二年级学生的成绩差异（$M \pm SD$）

		N	$M \pm SD$	F	p
语文成绩	7岁	29	92.48±6.68	0.76	0.471
	8岁	279	92.88±7.90		
	9岁	30	94.58±4.78		
数学成绩	7岁	36	93.13±5.82	0.99	0.374
	8岁	318	94.30±7.03		
	9岁	33	95.42±5.42		

（二）小学生心理与行为问题和学习成绩的关系

1. SDQ量表得分与语文和数学成绩的关系

从表4可以看出，小学生的语文和数学成绩与SDQ量表测评的情绪症状、多动、同伴问题得分存在显著负相关，其中多动与成绩的负相关水平最高。

表4 小学生SDQ量表得分与语文和数学成绩的相关性

	情绪症状	品行问题	多动	同伴问题	亲社会行为
语文成绩	-0.095**	-0.039	-0.231***	-0.124***	0.029
数学成绩	-0.084*	-0.042	-0.225***	-0.121***	0.033

注：* $p<0.05$，** $p<0.01$，*** $p<0.001$。

将学生的 SDQ 量表各维度得分转化为 T 分数，根据 T 分数将学生在每个维度上的分数划分为 $T \leqslant 50$、$50 < T \leqslant 60$、$60 < T \leqslant 70$、$T > 70$ 四组，比较 SDQ 量表各维度四组的语文和数学成绩差异。

结果表明，情绪症状、品行问题、多动、同伴问题程度不同的学生在语文成绩上存在显著差异（$ps < 0.05$）。事后检验表明，在情绪症状上，组 1（$T \leqslant 50$）和组 3（$60 < T \leqslant 70$）的语文成绩存在显著差异（$p < 0.01$），组 1 和组 2（$50 < T \leqslant 60$）的语文成绩差异边缘显著（$p = 0.091$）。在品行问题上，组 1 和组 2 语文成绩存在显著差异（$p < 0.01$）。在多动维度上，组 1 和其他组的语文成绩存在显著差异（$ps < 0.05$），组 2 和组 3 的语文成绩存在显著差异（$p < 0.05$）。在同伴问题维度上，组 1 和组 2、组 3 的语文成绩存在显著差异（$ps < 0.05$），组 1 和组 4（$T > 70$）差异边缘显著（$p = 0.077$）。情绪症状、多动、同伴问题程度不同的学生在数学成绩上存在显著差异（$ps < 0.05$），品行问题程度不同的学生在数学成绩上差异边缘显著（$p = 0.073$）。事后检验表明，在情绪症状上，组 1 和组 3 的数学成绩存在显著差异（$p < 0.01$），组 1 和组 4 的数学成绩差异边缘显著（$p = 0.070$）。在品行问题上，组 1 和组 2 的数学成绩存在显著差异（$p < 0.01$）。在多动维度上，组 1 和组 2、组 3 的数学成绩存在显著差异（$ps < 0.05$），组 1 和组 4 的数学成绩差异边缘显著（$p = 0.074$），组 2 和组 3 的数学成绩存在显著差异（$p < 0.001$）。在同伴问题上，组 1 和组 2、组 3 的数学成绩存在显著差异（$ps < 0.05$）。具体信息见表 5、表 6。

表 5　小学生 SDQ 量表各维度 T 分数的语文成绩差异（$M \pm SD$）

		N	$M \pm SD$	F	p
情绪症状	$T \leqslant 50$	381	94.57±6.04	3.172	0.024
	$50 < T \leqslant 60$	241	93.58±7.99		
	$60 < T \leqslant 70$	108	92.38±8.26		
	$T > 70$	26	92.81±7.24		

续表

		N	M±SD	F	p
品行问题	T≤50	330	94.72±6.93	3.019	0.029
	50<T≤60	343	93.10±7.58		
	60<T≤70	50	93.47±5.04		
	T>70	33	94.26±5.89		
多动	T≤50	411	95.17±5.32	11.711	0.000
	50<T≤60	218	92.94±7.54		
	60<T≤70	108	91.25±10.48		
	T>70	19	91.84±7.01		
同伴问题	T≤50	485	94.56±6.57	4.363	0.005
	50<T≤60	122	92.46±8.27		
	60<T≤70	128	93.03±7.36		
	T>70	21	91.76±8.80		
亲社会行为	T≤50	341	93.63±6.20	0.577	0.562
	50<T≤60	256	93.93±8.23		
	60<T≤70	159	94.36±7.06		

表6 小学生SDQ量表各维度T分数的数学成绩差异（$M±SD$）

		N	M±SD	F	p
情绪症状	T≤50	440	95.75±4.99	3.383	0.018
	50<T≤60	278	95.06±6.38		
	60<T≤70	120	94.08±7.62		
	T>70	34	93.85±4.96		
品行问题	T≤50	393	95.79±5.25	2.335	0.073
	50<T≤60	384	94.68±6.57		
	60<T≤70	54	95.10±5.48		
	T>70	41	95.07±5.31		

续表

		N	$M\pm SD$	F	p
多动	$T\leq50$	473	96.12±4.89	13.038	0.000
	$50<T\leq60$	252	94.98±5.23		
	$60<T\leq70$	125	92.58±9.07		
	$T>70$	22	93.86±5.63		
同伴问题	$T\leq50$	553	95.70±5.48	3.333	0.019
	$50<T\leq60$	148	94.53±6.60		
	$60<T\leq70$	147	94.37±6.55		
	$T>70$	24	93.92±5.64		
亲社会行为	$T\leq50$	382	95.05±5.54	0.682	0.506
	$50<T\leq60$	306	95.19±6.65		
	$60<T\leq70$	184	95.66±5.27		

进一步用 $T\leq50$（T_1）组学生对应的语文和数学成绩均值分别减去 $50<T\leq60$（T_2）、$60<T\leq70$（T_3）、$T>70$（T_4）组学生的成绩均值，得到学生 SDQ 各维度的成绩差值。结果显示，在多动维度上，语文和数学成绩的各组差值最大，说明多动对学生成绩的影响较大（见图 1）。

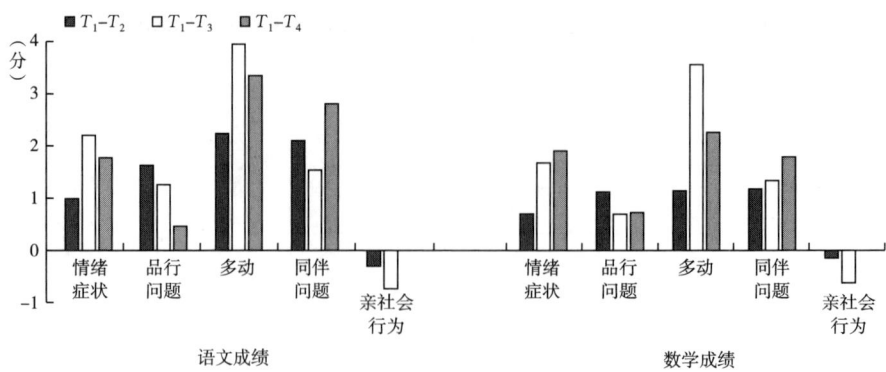

图 1 不同组学生 SDQ 各维度的语文和数学成绩差值

2. PROMIS 抑郁量表得分与语文和数学成绩的关系

相关分析发现,抑郁量表得分与学生的语文成绩($r=-0.143$, $p<0.001$)和数学成绩($r=-0.126$, $p<0.001$)都存在显著负相关。

将小学生的抑郁分数转化为 T 分数,根据 T 分数将学生在每个维度上的分数划分为 $T\leqslant50$、$50<T\leqslant60$、$60<T\leqslant70$、$T>70$ 四组,比较抑郁量表上四组学生的语文和数学成绩差异。结果表明,不同抑郁程度的学生的语文和数学成绩存在显著差异($p\leqslant0.001$)。事后检验表明,组 1 和组 3、组 4 学生的语文成绩存在显著差异($ps\leqslant0.01$),组 2 和组 3、组 4 学生的语文成绩差异边缘显著($p=0.074$, $p=0.057$)。组 1 和组 2、组 3 学生的数学成绩存在显著差异($ps\leqslant0.01$),组 1 和组 4、组 2 和组 3 学生的数学成绩差异边缘显著($p=0.082$, $p=0.097$)。详细信息见表 7。

表 7 小学生抑郁量表 T 分数的学习成绩差异($M\pm SD$)

		N	$M\pm SD$	F	p
语文成绩	$T\leqslant50$	449	94.67±6.12	6.389	0.000
	$50<T\leqslant60$	157	93.60±7.47		
	$60<T\leqslant70$	119	92.06±8.84		
	$T>70$	31	90.95±9.32		
数学成绩	$T\leqslant50$	525	95.85±4.84	5.934	0.001
	$50<T\leqslant60$	174	94.79±7.15		
	$60<T\leqslant70$	137	93.68±7.38		
	$T>70$	36	94.10±5.83		

进一步用 $T\leqslant50$(T_1)组学生对应的语文和数学成绩均值分别减去 $50<T\leqslant60$(T_2)、$60<T\leqslant70$(T_3)、$T>70$(T_4)组学生的成绩均值,得到学生的抑郁量表成绩差值(见图 2)。

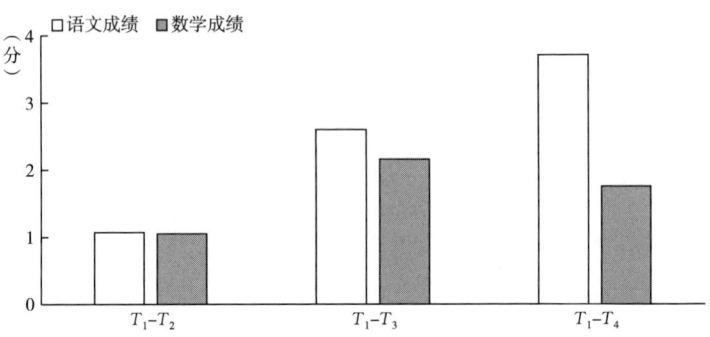

图 2　不同组学生抑郁量表的语文和数学成绩差值

3. PSC 量表得分与语文和数学成绩的关系

如表 8 所示，PSC 量表的三个维度及总分都与学生的语文和数学成绩呈显著负相关（$ps<0.05$）。

表 8　小学生 PSC 量表得分与语文和数学成绩的相关性

	注意力问题	内化问题	外化问题	PSC 总分
语文成绩	-0.194***	-0.156***	-0.119***	-0.185***
数学成绩	-0.191***	-0.100**	-0.074*	-0.147***

注：*$p<0.05$，**$p<0.01$，***$p<0.001$。

将学生的 PSC 量表得分转化为 T 分数，根据 T 分数将学生在每个维度上的分数划分为 $T\leq50$、$50<T\leq60$、$60<T\leq70$、$T>70$ 四组，比较 PSC 量表各维度四组学生的语文和数学成绩差异。

结果表明，注意力问题、内化问题、外化问题、PSC 总分程度不同的学生在语文成绩上存在显著差异（$ps<0.05$），注意力问题、内化问题、PSC 总分程度不同的学生在数学成绩上存在显著差异（$ps<0.05$）。事后检验结果表明，在注意力问题维度上，组 1 和组 2、组 3、组 4 学生的语文成绩存在显著差异（$ps<0.01$），组 1 和组 2、组 3、组 4 学生的数学成绩存在显著差异（$ps<0.05$），组 4 和组 2、组 3 学生的数学成绩存在显著差异（$ps<0.01$）。在内化问题上，组 1 和组 2、组 3、组 4 学生的语文成绩存在

显著差异（$ps<0.05$），组1和组2学生的数学成绩存在显著差异（$p<0.01$），组1和组3、组4学生的数学成绩差异边缘显著（$p=0.087$，$p=0.065$）。在外化问题上，组1和组3学生的语文成绩存在显著差异（$p<0.01$），组2和组3学生的语文成绩差异边缘显著（$p=0.068$）。在PSC总分上，组1和组2、组3、组4学生的语文成绩存在显著差异（$ps<0.05$），组1和组2、组3学生的数学成绩存在显著差异（$ps<0.05$），组1和组4学生的数学成绩差异边缘显著（$p=0.074$）。具体信息见表9、表10。

表9 小学生PSC量表各维度 T 分数的语文成绩差异（$M±SD$）

		N	$M±SD$	F	p
注意力问题	$T≤50$	344	95.22±5.39	8.530	0.000
	$50<T≤60$	301	93.11±7.94		
	$60<T≤70$	81	91.94±8.16		
	$T>70$	30	91.57±9.88		
内化问题	$T≤50$	481	94.63±6.07	5.324	0.001
	$50<T≤60$	111	93.09±9.63		
	$60<T≤70$	116	92.39±7.43		
	$T>70$	48	91.83±8.30		
外化问题	$T≤50$	398	94.56±6.19	3.714	0.011
	$50<T≤60$	216	93.66±8.20		
	$60<T≤70$	107	92.13±8.10		
	$T>70$	35	92.89±5.55		
PSC总分	$T≤50$	409	94.93±5.72	7.196	0.000
	$50<T≤60$	217	93.02±8.43		
	$60<T≤70$	109	92.18±8.42		
	$T>70$	21	91.29±6.35		

表10 小学生PSC量表各维度T分数的数学成绩差异（$M \pm SD$）

		N	$M \pm SD$	F	p
注意力问题	$T \leq 50$	398	96.10±4.57	9.404	0.000
	$50 < T \leq 60$	346	94.78±6.52		
	$60 < T \leq 70$	95	94.58±5.29		
	$T > 70$	33	91.17±10.87		
内化问题	$T \leq 50$	561	95.71±4.96	3.957	0.008
	$50 < T \leq 60$	126	94.02±8.02		
	$60 < T \leq 70$	129	94.73±6.79		
	$T > 70$	56	94.20±6.30		
外化问题	$T \leq 50$	462	95.57±5.47	1.332	0.263
	$50 < T \leq 60$	248	95.01±6.70		
	$60 < T \leq 70$	123	94.65±5.43		
	$T > 70$	39	94.32±6.66		
PSC总分	$T \leq 50$	471	95.80±4.98	3.622	0.013
	$50 < T \leq 60$	257	94.71±6.73		
	$60 < T \leq 70$	121	94.39±7.20		
	$T > 70$	23	93.57±4.72		

进一步用$T \leq 50$（T_1）组学生对应的语文和数学成绩均值分别减去$50 < T \leq 60$（T_2）、$60 < T \leq 70$（T_3）、$T > 70$（T_4）组学生的成绩均值，得到学生PSC各维度的成绩差值。结果显示，在注意力问题上，语文和数学成绩各组的差值较大，说明注意力问题对学生成绩的影响较大（见图3）。

4. PSI量表得分与语文和数学成绩的关系

相关分析发现，亲子互动失调、困难儿童两个维度得分与学生的语文成绩呈显著负相关（$ps < 0.05$），育儿压力、亲子互动失调、困难儿童三个维度得分与学生的数学成绩呈显著负相关（$ps < 0.05$）（见表11）。

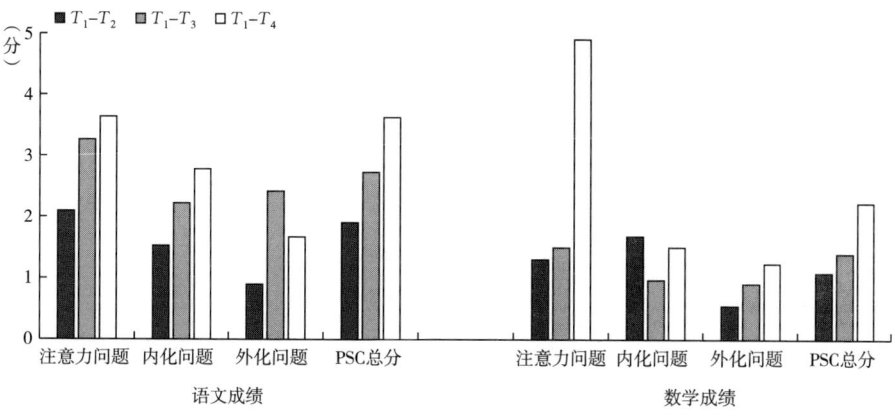

图3 不同组学生PSC各维度的语文和数学成绩差值

表11 PSI量表得分与语文和数学成绩的相关性

	育儿压力	亲子互动失调	困难儿童	PSI总分
语文成绩	-0.056	-0.098**	-0.126***	-0.055
数学成绩	-0.105**	-0.097**	-0.116***	-0.055

注：*$p<0.05$，**$p<0.01$，***$p<0.001$。

将PSI量表得分转化为T分数，根据T分数将每个维度的分数划分为$T \leq 50$、$50<T \leq 60$、$60<T \leq 70$、$T>70$四组，比较PSI量表各维度四组学生的语文和数学成绩差异。

结果表明，亲子互动失调、困难儿童程度不同的学生在语文成绩上存在显著差异（$ps<0.05$），育儿压力程度不同的学生在数学成绩上存在显著差异（$p<0.05$），亲子互动失调程度不同的学生在数学成绩上的差异边缘显著（$p=0.061$）。事后分析显示，在育儿压力维度上，组3和组1、组2学生的数学成绩存在显著差异（$ps<0.05$）。在亲子互动失调维度上，组3和组1、组2学生的语文成绩存在显著差异（$ps<0.05$），组1和组3学生的数学成绩存在显著差异（$p<0.05$），组1和组4学生的数学成绩差异边缘显著（$p=0.063$）。在困难儿童维度上，组1和组2、组3学生的语文成绩存在显著差异（$ps<0.05$），组2和组3、组4学生的语文成绩存在显著差异（$ps<0.05$）。具体信息见表12、13。

表 12　PSI 量表各维度 T 分数的语文成绩差异（$M\pm SD$）

		N	$M\pm SD$	F	p
育儿压力	$T\leq50$	343	94.13±7.54	0.585	0.625
	$50<T\leq60$	273	93.91±6.62		
	$60<T\leq70$	118	93.33±6.57		
	$T>70$	22	92.68±9.09		
亲子互动失调	$T\leq50$	359	94.37±7.87	3.560	0.014
	$50<T\leq60$	266	94.12±5.81		
	$60<T\leq70$	108	92.09±7.04		
	$T>70$	23	91.93±7.78		
困难儿童	$T\leq50$	359	94.32±7.13	3.800	0.010
	$50<T\leq60$	253	94.21±6.24		
	$60<T\leq70$	119	92.58±8.19		
	$T>70$	25	90.56±8.58		
PSI 总分	$T\leq50$	378	94.14±7.48	1.102	0.347
	$50<T\leq60$	258	93.94±6.87		
	$60<T\leq70$	102	93.19±6.16		
	$T>70$	18	91.61±7.82		

表 13　PSI 量表各维度 T 分数的数学成绩差异（$M\pm SD$）

		N	$M\pm SD$	F	p
育儿压力	$T\leq50$	406	95.58±5.82	2.829	0.038
	$50<T\leq60$	309	95.39±5.61		
	$60<T\leq70$	134	94.03±6.61		
	$T>70$	23	93.83±6.05		
亲子互动失调	$T\leq50$	421	95.62±5.96	2.466	0.061
	$50<T\leq60$	308	95.20±5.74		
	$60<T\leq70$	119	94.29±5.93		
	$T>70$	24	93.31±6.09		

续表

		N	$M\pm SD$	F	p
困难儿童	$T\leq 50$	421	95.53±5.79	1.782	0.149
	$50<T\leq 60$	288	95.30±5.70		
	$60<T\leq 70$	134	94.21±6.69		
	$T>70$	29	94.79±5.21		
PSI总分	$T\leq 50$	439	95.37±6.59	1.632	0.180
	$50<T\leq 60$	295	95.47±4.99		
	$60<T\leq 70$	119	94.39±5.19		
	$T>70$	19	93.42±5.94		

进一步用 $T\leq 50$（T_1）组学生对应的语文和数学成绩均值分别减去 $50<T\leq 60$（T_2）、$60<T\leq 70$（T_3）、$T>70$（T_4）组学生的成绩均值，得到学生 PSI 各维度的成绩差值。结果显示，在困难儿童维度上，组 1 和组 4 学生的语文成绩差值最大，说明困难儿童对学生语文成绩有较大的影响（见图 4）。

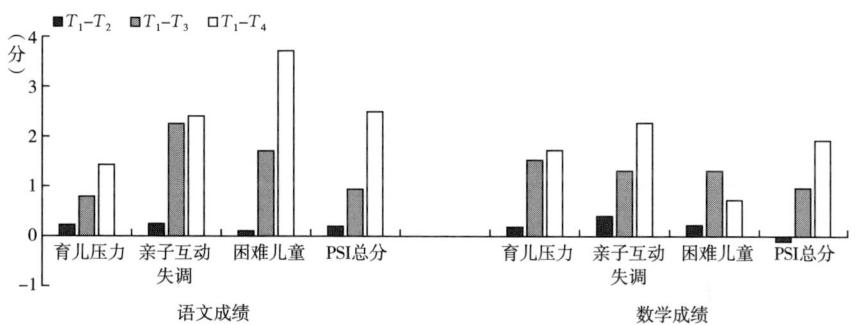

图 4 不同组学生 PSI 各维度的语文和数学成绩差值

四 现状与建议

本次调查发现，在一年级学生中，7 岁儿童的数学成绩显著高于 6 岁儿童。SDQ 量表的情绪症状、多动、同伴问题，抑郁量表得分，PSC 量表的注意力问题、内化问题、外化问题以及总分，PSI 量表的亲子互动失调、困难儿童维度与学生的语文成绩和数学成绩呈显著负相关，PSI 量表的育儿压力与小学生的数学成绩呈显著负相关。进一步将各量表的维度转化为 T 分数分组后发现，在 SDQ 量表上，情绪症状、品行问题、多动、同伴问题程度不同的学生在语文成绩上存在显著差异，情绪症状、多动、同伴问题程度不同的学生在数学成绩上存在显著差异。PROMIS 抑郁量表分组显示，不同抑郁程度的学生在语文和数学成绩上存在显著差异。在 PSC 量表上，注意力问题、内化问题、外化问题、PSC 总分程度不同的学生在语文成绩上存在显著差异，注意力问题、内化问题、PSC 总分程度不同的学生在数学成绩上存在显著差异。在 PSI 量表上，亲子互动失调、困难儿童程度不同的学生在语文成绩上存在显著差异，父母报告的育儿压力越大，学生的数学成绩越差。总之，基本趋势表现为：心理与行为问题越多的学生语文和数学成绩越差。这启示我们，在家庭和学校环境中，对儿童的教育应注意以下几点。

（一）重视小学生的心理与行为问题

本次调查发现，在 SDQ、PSC 以及抑郁量表上，学生的心理与行为问题与学习成绩存在显著的负相关关系。这一结果与多数研究一致，即有更多情绪症状、同伴问题、多动、抑郁症状等内化问题或外化问题风险的个体学习成绩较差。关注儿童时期的心理与行为问题，能有效减少儿童后期精神疾病的发生风险。因此，家长及教育工作者应重视学生的心理发展，以减少其对小学生学业造成的影响。

（二）关注父母养育压力给学生带来的消极影响

本次调查发现，通过 PSI 量表测量的亲子互动失调、困难儿童维度与学生的语文成绩和数学成绩存在显著的负相关关系，育儿压力与小学生的数学成绩存在显著的负相关关系。这提示我们要关注父母养育孩子的压力，建立积极的亲子互动模式。

父母养育压力有复杂的结构，涉及父母与子女互动的多个组成部分，如认知、情感和行为特征以及家庭状况。越来越多的证据表明，高强度的育儿压力与消极的育儿经历（如低水平的父母温暖、不健康的育儿方式、严厉的纪律、过度保护以及儿童被忽视或虐待的可能性）以及父母的情绪或心理健康问题有关（Luo et al.，2021；Mc Pherson et al.，2009）。较高强度的育儿压力也与儿童的行为问题增加有关（Mak et al.，2020）。父母与儿童的亲子沟通质量越低，儿童的问题行为越多，心理健康水平越低（王争艳等，2004）。因此，父母应采用积极的育儿方式，以降低对孩子的不良影响。

此外，有研究者提出了"父母教育卷入"这一概念，大体可分为两类：一类是家庭方面的教育卷入，即家庭环境对儿童的影响，父母在家庭中扮演一种引导、管理的角色来提升儿童的学习成绩；另一类是学校方面的教育卷入，即强调家庭与学校教育的连续性，包括家长对学校各项活动的参与以及学校就孩子的教育问题与家长及时沟通等。父母教育卷入的相关研究也发现，"父母与孩子交流学校的事"能够显著提升孩子的认知能力（梁文艳等，2018）。同时，父母教育卷入能够显著预测某些儿童的逻辑空间和视觉功能领域的能力（张明亮等，2018）。

（三）培养学生良好的学习习惯

小学阶段是儿童心理发展的一个重要转折期。尤其对于一至二年级小学生来说，这个阶段儿童进入学校接受系统性教育，开始面临家庭、学校、社会等多方面的挑战。这一阶段是儿童心理与行为问题的多发期，也是儿童良好行为习惯的重要养成期。埃里克森将人格发展划分为八个阶段，其中6~12岁学龄期是儿童获得勤奋感、克服自卑感、体验能力实现的关键期。儿童若通过勤奋学习而获得成功和赞许，他们就会继续勤奋努力，乐观进取，养成勤奋的品质，若屡遭失败，就会丧失自信和进取心，形成自卑、冷漠的人格特征。这是儿童良好学习习惯养成的重要阶段，儿童在这一阶段形成的良好学习品质将终身有益。

由本次调查结果可见，部分儿童在这一阶段存在多动、注意力不集中等问题，会影响儿童的学习成绩。其他研究也发现，注意力和社会情感困难的儿童学习成绩显著较差（Mundy et al., 2017）。注意力对于规范行为和关注课堂讨论内容尤为重要。因此，可以从提升学生的注意力等方面入手，规范学生的行为问题，培养学生良好的学习习惯。国外研究发现，一些训练任务可以提升儿童的注意力。例如，计算机化的注意力训练任务，能否成功取决于儿童保持注意力的能力和根据明确的规则作出反应的能力。例如，每当屏幕上闪现特定刺激时按某个键，随着成功次数增加，任务也会变得更具有挑战性，对注意力的要求也会增加。计算机辅助教学（CAI）也是一种干预方法，在吸引学生的注意力和提高多动症学生的学习动机方面有巨大潜力。CAI 通常包括明确的目标和目的，突出重要的材料，简化任务，提供即时纠错和关于准确度的反馈。例如，CAI 通过计算机呈现学术材料，使用类似教学功能的重点强化来突出重要信息，并提供即时和频繁的反馈和强化，以提升儿童的表现能力。因此，CAI 除了教授基本的学术知识和技能外，还起到了注意力训练的作用（Rabiner et al., 2010）。家长和教师可以通过以上训练来提升多动和注意力不集中儿童的表现能力。

此外，家长和教师也可以通过有趣的活动来培养孩子的学习兴趣，从正面鼓励和引导儿童积极参与课内外活动，培养其创新精神，激发学生学习的主动性。教师要培养学生形成正确的审题、书写、验算习惯，以及课前预习、课后复习、及时纠错的习惯。对儿童的教育离不开教师和家长的积极配合，提升学生学习成绩是提升教育工作质量的关键，对于家长和教师来说，应致力于减少儿童的心理与行为问题，培养孩子良好的学习习惯。

参考文献

李成福, 陶芳标, 张洪波. (2005). 儿童行为问题与学习成绩关系的研究. 中国行为医学科学, (4), 366-367.

梁文艳, 叶晓梅, 李涛. (2018). 父母参与如何影响流动儿童认知能力——基于

CEPS 基线数据的实证研究. 教育学报,(1),80-94.

王争艳,雷雳,刘红云.(2004). 亲子沟通对青少年社会适应的影响：兼及普通学校和工读学校的比较. 心理科学,(5),1056-1059.

张明亮,司继伟,杨伟星,邢淑芬,李红霞,张佳佳.(2018). BDNF 基因 rs6265 多态性与父母教育卷入对小学儿童基本数学能力的交互作用. 心理学报,(9),1007-1017.

Breslau, J., Lane, M., Sampson, N., & Kessler, R. C. (2008). Mental disorders and subsequent educational attainment in a US national sample. Journal of psychiatric research, 42 (9), 708-716.

Checa, P., & Abundis-Gutierrez, A. (2017). Parenting and temperament influence on school success in 9-13 year olds. Frontiers in psychology, 8.

Checa, P., Abundis-Gutierrez, A., Perez-Duenas, C., & Fernandez-Parra, A. (2019). Influence of maternal and paternal parenting style and behavior problems on academic outcomes in primary school. Frontiers in psychology, 10.

Fleming, C. B., Harachi, T. W., Cortes, R. C., Abbott, R. D., & Catalano, R. F. (2004). Level and change in reading scores and attention problems during elementary school as predictors of problem behavior in middle school. Journal of emotional & behavioral disorders, 12 (3), 130-144.

Guzman, M. P., Jellinek, M., George, M., Hartley, M., Squicciarini, A. M., Canenguez, K. M., … Murphy, J. M. (2011). Mental health matters in elementary school: first-grade screening predicts fourth grade achievement test scores. European child & adolescent psychiatry, 20 (8), 401-411.

Kantomaa, M. T., Tammelin, T. H., Demakakos, P., Ebeling, H. E., &Taanila, A. M. (2010). Physical activity, emotional and behavioural problems, maternal education and self-reported educational performance of adolescents. Health education research, 25 (2), 368-379.

Luo, J., Wang, M.-C., Gao, Y., Zeng, H., Yang, W., Chen, W., … Qi, S. (2021). Refining the Parenting Stress Index-Short Form (PSI-SF) in Chinese parents. Assessment, 28 (2), 551-566.

Mak, M. C. K., Yin, L., Li, M., Cheung, R. Y.-h., &Oon, P.-T. (2020). The relation between parenting stress and child behavior problems: negative parenting styles as mediator. Journal of child and family studies, 29 (11), 2993-3003.

Masud, H., Thurasamy, R., & Ahmad, M. S. (2015). Parenting styles and academic achievement of young adolescents: a systematic literature review. Quality & quantity, 49 (6), 2411-2433.

Mc Pherson, A. V., Lewis, K. M., Lynn, A. E., Haskett, M. E., & Behrend, T. S. (2009). Predictors of parenting stress for abusive and nonabusive mothers. Journal of child and family studies, 18 (1), 61-69.

Mundy, L. K., Canterford, L., Tucker, D., Bayer, J., Romaniuk, H., Sawyer, S., ⋯ Patton, G. (2017). Academic performance in primary school children with common emotional and behavioral problems. Journal of school health, 87 (8), 593-601.

Murphy, J. M., Guzman, J., McCarthy, A. E., Maria Squicciarini, A., George, M., Canenguez, K. M., ⋯ Jellinek, M. S. (2015). Mental health predicts better academic outcomes: a longitudinal study of elementary school students in chile. Child psychiatry & human development, 46 (2), 245-256.

Osorio, A., & Gonzalez-Camara, M. (2016). Testing the alleged superiority of the indulgent parenting style among Spanish adolescents. Psicothema, 28 (4), 414-420.

Rabiner, D. L., Murray, D. W., Skinner, A. T., & Malone, P. S. (2010). A randomized trial of two promising computer-based interventions for students with attention difficulties. Journal of abnormal child psychology, 38 (1), 131-142.

编后记

随着时代的发展，教育对学生的全面发展作用日益受到重视，青少年心理健康发展也受到越来越多的关注。在党的十九大报告中，习近平总书记提出，要实施"健康中国"战略，明确提出要"加强社会心理服务体系建设，培育自尊自信、理性平和、积极向上的社会心态"。党的十九届五中全会提出"全面推进健康中国建设"的重大任务，强调要"重视青少年身体素质和心理健康教育，建设高质量教育体系"。

当前，我国青少年心理疾病检出率以及由心理健康问题引发的极端事件发生率呈逐年上升态势，引发了社会各界对青少年心理健康的普遍担忧。青少年尚未进入社会，其心理健康教育主要由学校教育和家庭教育完成，家庭教育作为影响青少年心理健康成长的一个重要方面，一直是薄弱环节。

为促进青少年健康成长和全面发展，我国首次就家庭教育进行专门立法，出台《家庭教育促进法》。通过制度设计，采取一系列措施，将家庭教育由原来的传统"家事"上升为新时代的重要"国事"。明确规定父母或者其他监护人负责实施家庭教育，承担家庭教育的主体责任，同时规定教育行政部门、妇女联合会统筹协调社会资源，协同推进覆盖城乡的家庭教育指导服务体系建设，积极关注未成年人的身心健康状况，加强亲情关爱。

研究团队在对郑州市在校小学生心理健康状况和相关影响因素研究的基础上，推动进一步健全青少年心理状态监测、心理危机预警、心理支持联防联控联动联通新模式。整合多方力量，整体部署，协同推进，夯实青少年心理健康的常态化工作，构建符合河南省情、切合青少年心理特征的联防联控联动联通模式。

第一，树牢"治未病"的心理危机防控理念，增强心理健康管理意识，做好青少年心理状态监测。在大数据背景下，贯通线上线下，注重青少年心理危机预警指标的动态化监测，实现信息的共享共治，并及时排查预警指标的突变状况。进行定期的心理普查，根据普查收集到的青少年个体信息，建立或更新学生心理档案数据库，收集并储存个体所有的危机指标信息，每个个体都有自己专属的心理档案。青少年首次进入心理档案系统时，通过人为录入在线心理测评方式，尽可能全面地收集初始信息，包含人口学信息、学业或工作状况、人格特质信息、家族史、成长史等。

第二，发挥家庭对疏导青少年心理危机的关键性作用，打通部门之间的管理壁垒，整体部署，实现联动联通，协同推进，构建快速、高效的心理危机处置机制。家庭是社会的基本细胞，学生心理的防控和管理离不开家庭的作用。不仅各个教育行政部门之间要实现整体联动，还应加强教育行政部门、学校与家庭的联结。针对不同突发事件，完善"家庭—社区—心理服务机构""家庭—学校—心理服务机构"等联防联控联动联通机制。

第三，把握青少年心理发展规律，分类引导，分段防控，多元化综合干预。建立和完善青少年心理健康教育、心理热线服务、心理评估、心理咨询、心理治疗等衔接递进、联防联控联动联通的心理危机援助和干预模式。

河南省心理数据科学国际联合实验室

河南大学认知、脑与健康研究所

河南省青少年心理危机监测预警工程技术研究中心

图书在版编目(CIP)数据

郑州市小学生心理健康报告.2021/晋争,朱湘茹主编.--北京：社会科学文献出版社,2022.9
ISBN 978-7-5228-0615-0

Ⅰ.①郑… Ⅱ.①晋…②朱… Ⅲ.①小学生-心理健康-研究报告-郑州-2021 Ⅳ.①G444

中国版本图书馆CIP数据核字(2022)第156978号

郑州市小学生心理健康报告（2021）

主　　编／晋　争　朱湘茹

出 版 人／王利民
组稿编辑／曹长香
责任编辑／王玉敏　郑凤云
责任印制／王京美

出　　版／社会科学文献出版社（010）59367162
　　　　　地址：北京市北三环中路甲29号院华龙大厦　邮编：100029
　　　　　网址：www.ssap.com.cn
发　　行／社会科学文献出版社（010）59367028
印　　装／三河市东方印刷有限公司

规　　格／开本：787mm×1092mm　1/16
　　　　　印　张：12.25　字　数：180千字
版　　次／2022年9月第1版　2022年9月第1次印刷
书　　号／ISBN 978-7-5228-0615-0
定　　价／99.00元

读者服务电话：4008918866

版权所有 翻印必究